［英］威廉·沃尔夫·凯普斯 著
杨洪娟 译

安敦尼王朝：
公元2世纪的罗马帝国

THE AGE OF THE
ANTONINES
THE ROMAN EMPIRE
OF THE SECOND CENTURY

中国出版集团公司
华文出版社

图书在版编目（CIP）数据

安敦尼王朝：公元2世纪的罗马帝国 /(英) 威廉·沃尔夫·凯普斯著；杨洪娟译. -- 北京：华文出版社，2021.3
（华文全球史）
ISBN 978-7-5075-5436-6

Ⅰ.①安… Ⅱ.①威… ②杨… Ⅲ.①罗马帝国—历史—96-180 Ⅳ.①K126

中国版本图书馆CIP数据核字(2021)第008467号

安敦尼王朝：公元2世纪的罗马帝国

作　　者：	[英] 威廉·沃尔夫·凯普斯
译　　者：	杨洪娟
选题策划：	华盛章世
插图供应：	029-85504182
责任编辑：	杨荣刚　魏丹丹
出版发行：	华文出版社
社　　址：	北京市西城区广外大街305号8区2号楼
邮政编码：	100055
网　　址：	http://www.hwcbs.com.cn
电　　话：	总编室010—58336239 发行部010—58336212
经　　销：	新华书店
印　　刷：	三河市燕春印务有限公司
开　　本：	710×1000　1/16
印　　张：	19.25
字　　数：	256千字
版　　次：	2021年3月第1版
印　　次：	2021年3月第1次印刷
标准书号：	ISBN 978-7-5075-5436-6
定　　价：	78.00元

版权所有　侵权必究

出版前言

随着中国开放的大门越开越大，关注世界各国尤其是西方国家文明的源流、发展和未来已经成为当下世界史研究的一个热点。为了成系统地推出一套强调"史源性"且在现有世界史出版物中具有拾遗补阙价值的作品，我们经过认真论证，推出了"华文全球史"系列，首次出版约一百个品种。

"华文全球史"系列从书目选择到译者的确定，从书稿中图片的采用到人名地名的规范，都有比较严格的遴选规定、编审要求和成稿检查，目的就是要奉献给读者一套具有学术性、权威性和高质量的世界史系列图书。

书目的选择。本系列图书重视世界史学科建设，视角宽阔，层级明晰，数量均衡，有所突出。计划出版的"华文全球史"中，既有通史，也有专题史，还有回忆录，基本上是世界历史著作中的上乘之作，填补了国内同类作品出版的空白。

人名地名规范。本系列图书中人名地名，翻译规范，重视专业性。在人名翻译方面，我们坚持"姓名皆全"的原则，加大考据力度，从而实现了有姓必有名，有名必有姓，方便了读者的使用。在注释方面，书中既有原书注，完整地保留了原著中的注释；也有译者注，体现了译者的研究性成果。

书中的插图。本系列图书的一个重要特点是书中都有功能性插图，这些插图全方位、多层次、宽视角反映当时重大历史事件，或与事件的场景密切相关，涉及政治、军事、经济、社会、外交、人物、地理、民俗、生活等方面的绘画作品与摄影作品。功能性插图与文字结合，赋予文字视觉的艺术，丰富了文字的内涵。

译者的确定。本系列图书的翻译主要凭借的是一个以大学教师为主的翻译团队，团队中不乏知名教授和相关领域的资深人士。他们治学严谨，译笔优美，为确保质量奉献良多。

"华文全球史"系列作为一套具有较高学术价值的优秀的世界历史丛书，对增加读者的知识，开阔读者的视野，具有积极的意义。同时要看到，一方面很多西方历史学家的观点符合事实，另一方面不少西方历史学家的观点是错误的，对于这些，我们希望读者不要不加分析地全盘接受或全盘否定，而是要批判地吸收外国文化中有益的东西。

华文出版社

2019年8月

目 录

001　**第 1 章**
涅尔瓦统治时期（从 96 年到 98 年）

015　**第 2 章**
图拉真统治时期（从 98 年到 117 年）

081　**第 3 章**
哈德良统治时期（从 117 年到 138 年）

119　**第 4 章**
安敦尼·庇护统治时期（从 138 年到 161 年）

129　**第 5 章**
马库斯·奥勒留统治时期（从 161 年到 180 年）

189　**第 6 章**
罗马帝国政府对基督教教徒的态度

219　**第 7 章**
罗马宗教的特点及外来宗教

237	**第 8 章**	
	安敦尼王朝的文学潮流	
271	**第 9 章**	
	安敦尼王朝时期罗马帝国的行政机构	
289	**译名对照表**	

第1章
涅尔瓦统治时期(从96年到98年)

精彩看点

涅尔瓦被刺杀图密善的凶手推上皇位——涅尔瓦宽恕暴君图密善的党羽——涅尔瓦的贫民政策——狄奥·赫里索斯托姆平息多瑙河兵变——涅尔瓦选择图拉真为继承人——涅尔瓦驾崩

史料记载，刺杀罗马帝国皇帝图密善前，刺客曾多方考察，想找到一位皇位继承人。他们找到的人或犹豫不决，或畏缩不前。后来，他们想到了涅尔瓦，认为他是继承皇位的最佳人选。

涅尔瓦做过两任罗马执政官①。他虽然拥有至高无上的权力，但很少为自己谋利。除此之外，世人对涅尔瓦六十多年的生平事迹了解得很少。根据星相，有一位占卜师曾预言涅尔瓦会登上皇位。因此，图密善视涅尔瓦为眼中钉，将他流放。后来，由于其他占卜师推算出涅尔瓦将不久于人世，涅尔瓦才幸免于难。得知图密善意图迫害自己后，涅尔瓦的危机感日益强烈。因此，别人犹豫不决时，他却激流勇进。

96年，涅尔瓦把自己的想法透漏给了密谋刺杀图密善的人，并且在他们的帮助下登上皇位。年轻时，涅尔瓦喜欢艺术，爱好诗歌。然而，作为皇帝，涅尔瓦既没有宏伟的目标，也缺乏英雄气概。或许因为身体日渐衰弱，他对未来充满了幻想，又有点盲目乐观、自信。或许因为性情温和，对民众的需求，涅尔瓦更加谨慎。历经喜怒无常的暴君图密善长期压迫后，罗马帝国开启了一段新历程，迎来了一位新皇帝——涅尔瓦。涅尔瓦温文尔雅、沉着冷静，不恣意妄为，

---

① 罗马执政官，古罗马中央政府最高职务，承担宗教与军事的双重责任，罗马共和国时期通过选举产生，罗马帝国时期由皇帝直接委任。——译者注

也不摆架子。他既不骄奢淫逸,也不喜欢盛大游行,通常不会接受为自己塑造雕像和打造华而不实的皇帝配饰的提议。作为一名德高望重的元老①,涅尔瓦为庄严的罗马元老院②感到骄傲。每逢国家大事,他都会与其他元老商议,并且承诺绝不无故伤害任何一位元老的性命。不久前,元老们还在图密善的震怒下瑟瑟发抖,有时甚至被近卫军关在罗马元老院内,见证地位最高的元老被

图密善

---

① 元老,罗马元老院的成员,分为两类:一类元老担任地方行政官;另一类元老没有官职也没有发言权,被称为"无票决权元老"。——译者注
② 罗马元老院,也称长老院,是古罗马的审议团体、立法机关,在罗马共和国和罗马帝国的中央政府中发挥着举足轻重的作用,掌握着国家军事、外交、内政、财政等大权,是现代上议院的雏形。——译者注

涅尔瓦

拖到自己面前处死。然而,现在有了一位把元老当作同僚的新皇帝。涅尔瓦会耐心倾听元老们的辩论,在日常交往中,还对他们以礼相待。

涅尔瓦并未执迷于至高无上的皇权和青史留名。他甚至曾选择与卢修斯·维吉尼乌斯·鲁弗斯[①]一起担任罗马执政官。当时,卢修斯·维吉尼乌斯·鲁弗斯如果想登上皇位,可以说是易如反掌。涅尔瓦不东猜西疑、惴惴不

[①] 卢修斯·维吉尼乌斯·鲁弗斯(15—97),罗马帝国上日耳曼尼亚军团指挥官,三次担任罗马执政官。尼禄自杀后,上日耳曼尼亚军团支持卢修斯·维吉尼乌斯·鲁弗斯称帝,但被他拒绝。——译者注

安,更不会像某些胆小如鼠的执政官一样嗜杀成性。涅尔瓦曾赦免了一位密谋推翻自己的贵族,将他安排进自己的近卫队,还在战场上与他冷静交谈,甚至给过他一把剑,让他试试剑是否锋利,以此证明自己不猜疑他,也没有任何报复心。

对许多人来说,涅尔瓦过于随和、大度,无法满足他们对正义的狂热追求。曾目睹亲友因莫须有的罪名被追杀的人,以为终于可以向图密善的党羽复仇了。涅尔瓦的早期政令似乎满足了他们的所有期望:打开牢门释放无辜的人,收押奸细、作伪证的人和迫害过贵族的人。有一段时间,复仇的希望似乎就在眼前,但涅尔瓦的温和性情或者谋士的谨慎建议最终占了上风。很快,涅尔瓦放弃了复仇,因为他不希望自己刚刚即位就让国家血流成河。对许多人来说,这种仁慈似乎是软弱无能的表现。小普林尼①心地善良、宽厚仁慈,但流传下来的他的书信中依然表露了上层人士的愤慨之情。一想到那些凶犯趾高气扬地炫耀他们手中的不义之财,小普林尼就痛心疾首。他戏谑地讲述了一件发生在宫殿晚宴上的事。当时,有人提到一个臭名昭著的奸细的名字。于是,客人们一个接一个地揭发这个奸细的罪行。最后,涅尔瓦问:"如果这个奸细还活着,该如何处置他?"有人大胆地说:"今晚就让这个奸细与我们在此共进晚餐。"然而,实际上,一个同样臭名昭著的学者正懒洋洋地躺在紧挨着涅尔瓦的沙发上。很久以后,在给一位年轻友人的信中,小普林尼说:"在罗马元老院中,我挺身而出,赞颂伟大的赫尔维乌斯·普里斯库斯的功绩,并且指责迫害他的卑鄙小人。"起初,听到小普林尼言论的人并不认同他的观点,一些心怀鬼胎的人试图用喧嚣掩盖他的声音。在争辩过程中,没有人在意小普林尼批判奸细的动机是什么。有些人请求小普林尼不要再提那些阴魂不散的人,让自己在经历了长期的恐怖统治后能够稍微平静。谨慎的朋友也警告小普林尼小心行事,以免成为未来统治者嫉恨的对象。然而,小普林尼坚定不移。作为罗马

---

① 小普林尼(61—113),罗马帝国政治家、法官、作家,曾担任行省总督。他留下的众多书信给后世提供了研究资料。——译者注

小普林尼

元老院领袖,涅尔瓦一开始确实制止了小普林尼。但轮到小普林尼发言时,涅尔瓦还是让他站起来继续讲,替受害者控诉。小普林尼义愤填膺的发言令在场的元老们感同身受,他们不再窃窃私语地为奸细辩护。此时,涅尔瓦介入,终止了罗马元老院的这场辩论。后来,小普林尼回忆起当时的激情演讲,仍备感骄傲。对被控诉者,小普林尼那颗仁慈的心毫无怜悯之情,即使对方将很快噩梦缠身,濒临死亡。

涅尔瓦决定让过去的事情就此落幕,非但没有阻止图密善庇护其党羽,反倒对他们行使了豁免权[①]。

---

① 豁免权,一种特别许可,某些情况下可免除直接法律责任。——译者注

罗马公民

　　罗马帝国每届政府的安全稳定都离不开三股力量，即罗马公民[①]、禁卫军、驻扎在各行省和边疆的军团。像往常一样，罗马公民是最先需要安抚的对象。因为财政紧张，涅尔瓦又过于节俭，所以他不会在建设斗兽场、竞技场或

[①] 罗马公民，罗马帝国时期拥有一切公民权利的男性，有权投票、与他人立约、参军及选拔官员。罗马帝国时期，女性只拥有部分公民权利，自由民和奴隶没有公民权。——译者注

举行凯旋仪式①等事情上挥霍无度,做出损人利己的事。涅尔瓦一如既往地关心贫民的切身利益,捐给殖民者②一大笔钱,让他们可以自由地获得土地,从而改变了长久以来养成的"懒惰闲散"的习惯,成为勤勤恳恳的乡间劳作者。由于国库亏空,涅尔瓦不得不变卖宫殿里值钱的物品,甚至卖掉传家宝。为了实现为臣民谋福祉的愿望,涅尔瓦还放弃了大量房屋和广阔的土地。为了证明这种自我牺牲并非一时心血来潮,涅尔瓦将自己的皇宫命名为"人民的宫殿",并且在皇家铸币局铸造的钱币上用古罗马语印着"自由"两个字。据塔西佗说,涅尔瓦努力地调和原本相互排斥的专制与自由的关系。

塔西佗

---

① 凯旋仪式,古罗马时期一种公开而神圣的宗教庆典仪式,用来祝贺率领军队维持国家秩序有功或打赢对外战争的优秀将领。——译者注
② 殖民者,这里指移居到罗马帝国新占领的土地上的罗马公民。——译者注

提图斯

驻扎在各行省和边疆的军团几乎没有受到图密善暴政的影响，因此图密善不光彩的过去很快便从士兵们的记忆中消失了。图密善的父亲韦斯巴芗①和哥哥提图斯②都是知名将领。他们带领的士兵对图密善的了解仅限于他是一位慷慨、大度的将领。听说弗拉维王朝③已经垮台、罗马有了一位新皇帝——

---

① 韦斯巴芗（9—79），罗马帝国第九任皇帝，结束了尼禄皇帝死后罗马帝国长达一年多的战乱纷争，开创了弗拉维王朝。——译者注
② 提图斯（39—81），罗马帝国第十任皇帝，弗拉维王朝第二任皇帝。——译者注
③ 弗拉维王朝，罗马帝国的一个朝代，始于69年，终于96年，历经韦斯巴芗、提图斯、图密善三位皇帝的统治。——译者注

涅尔瓦，这些士兵非常不满。多瑙河河畔的军团发动了兵变，扬言要为图密善报仇。

当时，在多瑙河附近，有一个叫狄奥①的穷文人。他是著名哲学家，早先被图密善流放到边境，过着居无定所的生活，为了微薄的收入做着艰苦的园丁工作。闲暇时，狄奥唯一的消遣就是读随身携带的小包里仅有的两篇文章：一篇是柏拉图的《斐多篇》，另一篇是狄摩西尼②的独白。军团兵变让狄奥非常愤

柏拉图

---

① 此时，狄奥尚未被赋予"赫里索斯托姆"的姓氏，"赫里索斯托姆"的意思是"金嘴巴"。——译者注
② 狄摩西尼（前384—前322），古希腊著名演说家、政治家，有大量作品传世，其演说是古代雄辩术的典范。——译者注

慨。像《奥德赛》中的英雄一样,狄奥脱下伪装自己的破衣烂衫,请人把粗鲁的士兵聚集在一起,对他们发表了慷慨激昂的演讲,指出了当时人们长期遭受的苦难。他的演讲激起了士兵的愤怒。狄奥还指出,暴君应该人人得而诛之。这次演讲为狄奥赢得了"赫里索斯托姆"的姓氏。《狄奥·赫里索斯托姆传》作者曾满怀敬佩之情,引以为傲地转述这些精彩绝伦的语句。正是这些话安抚了激愤的反叛者,使他们重新遵守军队纪律,规范自己的言行。

禁卫军离罗马很近,具有很大的威胁性,关键是他们具备拥立或打倒皇帝的实力。禁卫军的最高统帅参与了刺杀图密善的行动。起初,禁卫军最高统帅的影响力很大,可以控制军队,让士兵们宣誓效忠涅尔瓦。然而,不满情绪很快在军队中蔓延。与此同时,图密善的党羽千方百计散布涅尔瓦不够慷慨大

禁卫军

方、擢升速度缓慢等谣言。星星之火迅速变成燎原之势，士兵们一路狂妄叫嚣着向皇宫进军，扬言要取刺客的首级。涅尔瓦试图平息士兵们的愤怒，主动站出来让士兵们打他，却徒劳而返。叛军首领随心所欲地把皇宫里的仆从拖到软弱的涅尔瓦面前处死。对统治者来说，承认软弱是致命的缺陷。涅尔瓦知道，没有强有力的帮手，很难带领国家渡过难关。于是，他决定立刻选择一个受人尊敬的同僚作为继承人。

可贵的是，涅尔瓦大公无私地选择了一名与自己毫无血缘关系的军人作为继承人。此人虽然没有罗马贵族血统，但战功卓著，时任上日耳曼尼亚①军团统帅。几天后，涅尔瓦一行到达罗马的万神殿②，为刚刚从潘诺尼亚③传来

万神殿遗址

---

① 上日耳曼尼亚，罗马帝国的一个行省，包括莱茵河中游、今德国南部和瑞士西部及法国的一部分。——译者注
② 万神殿，古罗马时期的一座宗教建筑，始建于公元前27年。——译者注
③ 潘诺尼亚，罗马帝国的一个行省，北部和东部以多瑙河为界，西部与诺里库姆接壤，南邻达尔马提亚。——译者注

的胜利消息向诸神表达感激之情。同时,当着众人的面,涅尔瓦收图拉真为养子,并且真诚地祈祷这个行为会给国家带来福祉。后来,在罗马元老院,涅尔瓦授予图拉真"恺撒"[①]的头衔。98年,在位约十六个月的涅尔瓦驾崩。对下一任皇帝来说,涅尔瓦的统治是一个恰到好处的过渡。

---

① 恺撒,罗马帝国皇帝的头衔之一。——译者注

第2章

图拉真统治时期(从98年到117年)

精彩看点

图拉真为涅尔瓦复仇——图拉真进入罗马时没有举行凯旋仪式——图拉真躬行节俭——庞培娅·普洛蒂娜崇尚质朴的生活——图拉真尊重宪政体制——图拉真待人亲切——图拉真振兴公共建设——图拉真的慈善事业——达契亚战争——图拉真在东方的战功——图拉真驾崩——图拉真留给世人的印象

图拉真出生于西班牙贝提卡①的意大利卡。他从小就接受罗马军团②严苛的训练,长期在军营服役,获得了公民荣誉勋章,还在罗马元老院中占有一个席位。执政后,图密善将图拉真从西班牙调到莱茵河河畔统率军团。图拉真没能赶回罗马平息针对涅尔瓦的叛乱,但他的迅捷为自己赢得了担任罗马执政官

罗马军团

① 贝提卡,罗马帝国在伊比利亚半岛设置的一个行省。——译者注
② 罗马军团,罗马共和国和罗马帝国时期的正规军队,适应性强,机动性高。——译者注

的荣耀。涅尔瓦任命图拉真为上日耳曼尼亚军团统帅,后来又提升他为几个重要行省的总督。在这些职位上,图拉真充分施展了自己的才能。在外担任行省总督①时,图拉真意外获知自己被选为皇位继承人。涅尔瓦驾崩的消息传来时,图拉真正在莱茵河河畔忙于军务。

98年1月,皇帝的重任落在肩上时,图拉真年轻力壮,精力旺盛。艰苦生活的经历,使他学会了许多为人处世的道理。图拉真毫不犹豫地接管了政权,并且始终将权力牢牢地握在手中。在图拉真的统治下,不满情绪,甚至叛乱似乎已经消失了。不过,图拉真并未忘记涅尔瓦曾遭受的暴行,也没有忘记涅尔瓦的遗言。就像荷马笔下年迈的克律塞斯所说,"为哀求者徒劳无功的眼泪复仇",图拉真迅速采取秘密行动。叛军首领被以各种理由传召到日耳曼尼亚②。人们只知道没有人活着离开那里,却无从得知究竟发生了什么。

对宪政体制,图拉真仍然表现出了足够的尊重。他最早的官方行为之一,就是给罗马元老院写信,表达对其庄严传统的敬意。在信中,图拉真承诺尊重罗马元老院每一位元老的生命。卡西乌斯·狄奥③编撰的史书记载,罗马帝国时期的人很迷信,认为梦境可以预示未来。图拉真曾梦到一位身穿紫袍、头戴花冠的人④来到他面前,把手指放在他的脖子上,在他脖子两边分别盖上图章。不知是出于正义感,还是受到梦境的启发,图拉真给罗马元老院的元老们写了一封信,告诉他们这个吉梦。最终,沉稳、平和的图拉真登上了众人难以企及的绝对权力巅峰。涅尔瓦驾崩后,图拉真并未急于回到罗马接受罗马元老院和民众的效忠。或许因为在军营中更自由自在,所以图拉真喜欢在军营里与老部下一起过简朴的生活,讨厌大城市的凯旋仪式和城里人的言不由衷。也或许因为图拉真一直在等待皇位稳固,等待边远地区的军团认可涅尔瓦的选择。

---

① 行省总督,罗马帝国一个或多个行省的管理者,通过选举或任命产生。——译者注
② 日耳曼尼亚,古罗马时期欧洲的一处地名,位于莱茵河以东、多瑙河以北,古罗马控制的莱茵河以西地区也包括在内,分布着多个部落,以日耳曼人为主。——译者注
③ 卡西乌斯·狄奥(150—235),古罗马历史学家、政治家,曾担任执政官。——译者注
④ 这是画家笔下元老身份的象征。——译者注

图拉真

耽搁一年后，图拉真悄悄地向罗马进发了，既没有带庄严的卫队，也没有向经过的城镇征收苛捐杂税。图拉真留下的唯一证据就是公布了回罗马途中的开支明细，以及图密善的出巡花费。

第一次进入罗马时，图拉真没有举行凯旋仪式，没有使用皇家庆典的专用白马和专用马车，也没有让卫兵开道驱离民众。相反，从街上走过时，魁梧健壮的图拉真亲切地与元老和故友打招呼，无一遗漏。淳朴善良的庞培娅·普洛蒂娜安静地走在图拉真旁边。步入俨然已成为自己家的宫殿时，庞培娅·普洛

庞培娅·普洛蒂娜

蒂娜在祈祷中承诺，自己进来时宫殿是什么样，离开时还会让它保持原样。这话刚好被身边的民众听到。

在与元老的来往中，图拉真非常谦逊、和蔼。他真诚地尊重罗马元老院的传统，希望其继续发挥管理作用，并且要像在自由年代一样承担职责、行使权力。图拉真鼓励官员把自己看作国家官员而不是皇帝的仆从，允许禁卫军的新将领随身佩剑，并做出如下承诺：

> 如果我治理国家公平合理，请用你们的剑保护我；如果事实证明我不值得你们拥戴，那就把你们的剑刺向我。

当时，不存在滥用旧宪政体制的危险。因此，罗马元老院已经不再是过去那个让贵族感到骄傲和百般依靠、让世人臣服在脚下的立法机构。许多古老家族已经不复存在，巨额财产、显赫地位和历史荣耀使贵族沦为图密善嫉恨或贪婪的牺牲品。这些贵族的位置被来自各行省的新贵或图密善的亲信取代。此时距离共和制的罗马元老院统治时期已经过去一个世纪了。

罗马帝国的官职，即使是罗马执政官，也只是虚职。因此，官员的更替速度很快。即使是令人敬仰的小普林尼，也曾怀疑护民官[①]的职位对自己毫无意义，甚至可以说是徒有其名。图拉真虽然强势，但不追名逐利，也不在乎外在形式。因此，所有工作都按照他预期的方向开展起来了。对单纯的政府机构，图拉真并不感兴趣。尽管有些部门只是用来装点门面的，有些部门已经老化、腐败，但为了对称性和完整性，只要这些部门还能运转，图拉真就不会取缔。他知道，出于习惯，人们喜欢庄严的形式，并且会以一种奇特的方式快速地把重大变化与过去联系在一起，直到所有全新的事务回到原来的轨道上。这就是皇家铸币局新铸造的钱币都带有以前共和制的标志的原因。这也是图拉真

---

① 护民官，古罗马各种军事和民政官员的总称。其中，平民护民官负责维护平民利益，使下情上达；军事护民官一般负责指挥禁卫军和各种辅助部队。——译者注

允许官员恭敬地守卫曾参与刺杀尤利乌斯·恺撒①的马库斯·尤尼乌斯·布鲁图斯、篡位者阿维狄乌斯·卡西乌斯和加图家族雕像的原因。其他统治者在位时，人们不敢谈及的词——"自由"——再次出现在图拉真统治时期作家的笔下。

尤利乌斯·恺撒

---

① 尤利乌斯·恺撒（前100—前44），罗马共和国末期的政治家、军事统帅，是古罗马从共和国体制向帝国体制转变的关键人物，史称"恺撒大帝"。——译者注

奥古斯都

图拉真虽然拥有绝对权力，但仍然保持着与生俱来的谦逊与平和。与奥古斯都①出于惧怕或伪善而终生都在自我克制不同，图拉真有军人的直率性格，不喜高谈阔论和拘谨的游行。他出门几乎不带护卫，和蔼可亲地参加罗马的各种社交聚会，还允许各阶层的人进入议事厅。图拉真不喜欢阿谀奉承，也不认为皇权神圣不可侵犯。因此，他尽量拖延赐予亲属传统封号的时间，并且断然

---

① 奥古斯都（前63—14），罗马帝国的开国皇帝，尤利乌斯·恺撒的养子、甥孙（奥古斯都的母亲阿提娅·巴尔巴·凯索尼娅是尤利乌斯·恺撒的外甥女）。——译者注

拒绝给自己封神的建议。图拉真会责备殷勤地举报冒犯皇帝言行的告密者,而把旧立法暂时搁置一旁,因为他认为对叛国罪定义不清会导致严重后果。经历过图密善的病态猜疑,起初,官员们很难理解现任皇帝对他们的充分信任。他们仍然会对图拉真倾诉自己的担忧,并且私下告诉图拉真许多人可能会心怀不满,背主弃义。

  这里可以举一个例子说明图拉真的性情。卢修斯·李锡尼·苏拉是当时罗马最富有的人之一,也是图拉真密友圈中的代表人物,深得图拉真的信任。据说,涅尔瓦四处寻找继承人时,卢修斯·李锡尼·苏拉促使他选择了图拉真。然而,图拉真登上皇位后,关于卢修斯·李锡尼·苏拉谋逆的谣言四起。官员很快把这些谣言讲给图拉真听。他们的一再警告让图拉真不胜其烦。最后,图拉真亲自拜访了卢修斯·李锡尼·苏拉。图拉真把卫兵遣回宫,与卢修斯·李锡尼·苏拉畅所欲言,还请卢修斯·李锡尼·苏拉的私人大夫为自己的癣疥之疾开药方,并且当场服药。随后,图拉真让卢修斯·李锡尼·苏拉的理发师为自己修剪胡须,而自己继续坐着聊天。之后,图拉真留下来吃了晚饭才离开,临走时并没有任何猜疑的话。从此以后,凡是有人向图拉真说卢修斯·李锡尼·苏拉的坏话,图拉真就会说:"卢修斯·李锡尼·苏拉曾手握我的性命,其仆人随时可以掐断我的喉咙,但他为什么放过了我呢?"

  在罗马帝国所有阶层的人[①]眼中,图拉真最大的优点是躬行节俭。奥古斯都曾厉行节约国家资源,恢复了罗马帝国的财政信誉。不过,奥古斯都是通过禁令和强制借贷的方式从臣民的腰包里掏钱,还不顾臣民的不满,强行征收新皇登基税。对此,罗马的富人厌恶至极。韦斯巴芗统治时期睿智地采取节俭措施,充盈耗竭的国库。然而,因为总是通过买卖和讨价还价来牟取暴利,韦斯巴芗的名字总让人联想到卑鄙、龌龊和吝啬。其他大多数皇帝都靠强取豪夺来满足私欲。他们会杀害富人,从而获得自己觊觎的土地或豪宅,或者让告

---

① 除了最穷的人。——原注

图拉真与卢修斯·李锡尼·苏拉

密者物色"猎物",通过掠夺、指控等方式,把富人的财产据为己有。然而,图拉真坚决地核查了过去一个世纪所有滥用财政职权的行为,收回了赐予告密者的赏金,把官员提出的争议案件提交法庭,由法庭依法做出裁决。每位皇帝即位时,市镇会议和各种团体机构的贡奉已经变成一种沉重的负担。得知图拉真不收取任何贡奉时,臣民心中万分感激。遗产继承税的压力也减轻了:近亲继承可以免征遗产税;如果遗产低于固定的财产最低收费限额,那么继承人也不需要缴税。同时,民众的遗愿也得到了充分尊重。不再有人为了皇帝的利益而将贪婪的双手伸向他人的遗产,也不再有诡言辩词废除他人的遗嘱。一个人把财产留给图拉真,一定是出于对他诚挚的敬意,而不是想通过舍弃一部分财产来保住其余财产。

如此公正和自由的财政政策受到了各方的热烈欢迎。然而,头脑精明的人可能会认为这种财政政策有走向极端的危险。冷静的财务官[①]和财务部门的官员悄悄地抱怨说,如果宽松的财政政策持续实施下去,那么国家将会破产。即使是小普林尼,在发表了庄严的颂词后,也就帝国经费开了个小小的玩笑,暗示未来困难重重。他说:"想到朝贡减少,国库收入减少,不再掠夺由告密者揭发的富人的财产,还要对士兵和民众慷慨解囊,我就想问问皇帝是否合理预算了帝国的收支?"

事实上,作为罗马统治者,图拉真并无雄厚的财力,要满足各种需求绝非易事。政府官员薪资是罗马帝国的新负担。在共和制鼎盛时期,官员为国家服务是出于责任感或荣誉感。在经济衰退最严重的时期,官员没能直接从中央获得收入,转而任意掠夺贫穷行省。然而,在帝国时代,除首都的少数人之外,罗马帝国中央政府的所有官员都有薪资。随着各部门机构日益庞杂,支付给官员的薪资数额也越来越大。罗马帝国的属地首先是被短期服役的平民士兵征服的。几年后,原本穷困潦倒的罗马帝国士兵从各省掠夺来的财物中得到了大量

---

① 财务官,古罗马时期的民选官员,负责监督国家的国库与财政事务。——译者注

食物和金钱。然而，以现代生活的标准来衡量，尽管当时驻扎在罗马帝国边境的常备军规模较小，但维持他们的军需是一件令人头疼的事情。放荡不羁的罗马公民太过骄傲，不肯劳作，也不愿乞讨，吃喝用度完全靠国家供给。如果罗马公民名单削减得太厉害，那么这些人的不满情绪很可能会上升。

罗马公民不可能节约开支。因此，图拉真只能依靠自己。幸运的是，图拉真几乎没有任何铺张浪费的嗜好，没有恃宠而骄的宠臣，没有修建豪华宫殿的热情，没有把一个行省的财政收入都浪费在一场富丽堂皇的盛会上的愿望，也没有成为世界上轰动一时的大人物的想法。

图拉真非常幸运地拥有一位贤妻——庞培娅·普洛蒂娜。与罗马大多数主妇一样，庞培娅·普洛蒂娜一心一意操持家务，与图拉真伉俪情深。在声色犬马的大城市中，作为引领时尚的皇后，庞培娅·普洛蒂娜并没有表现出强烈的虚荣心。恰恰相反，她不喜欢奢侈和炫耀。不过，得知自己的肖像被印在钱币上，庞培娅·普洛蒂娜感到很开心，因为这象征着妻子的忠贞与女性的端庄得到了公众的认可。皇室的开支很少，但大型公共建设耗资巨大，因为图拉真的计划非常宏伟，公共建设的实施规模也很壮观。通过勤俭节约，罗马帝国的资本逐渐积累，贸易复苏，信贷也恢复了。在一个充满信任和公正的时代，被隐藏起来的资本再次出现在世人面前。在有利条件的影响下，随着国家财富增加和税收负担减轻，国库收入呈现出逐年增长的趋势。

安全、便捷的交通是文明生活的首要条件。罗马人可能会为自己是古老世界伟大道路的铺设者而感到自豪。然而，有史书记载，此前多年，由于涅尔瓦执政时期忽略了维护道路，古时遗留下来的著名公路很快陷入失修的境地。图拉真统治时期，有"长路之后"美称的亚壁古道曾以女子的形象出现在钱币和浮雕中。"她"倚在轮子上，乞求图拉真解救自己。图拉真慷慨解囊，派人将救援物资运往危险的蓬蒂内沼泽，在松软、潮湿的沼泽里打下坚实的石头地基，在弯曲的小河上架起桥梁，还在沿途各处搭起庇护所。

意大利半岛的其他地区也受到关注。为了把沿海各大城镇连接起来，图

亚壁古道

蓬蒂内沼泽

拉真命人铺设了至少三条新道路。当时不成体系的编年史中并没有提到这些道路。不过，后来人们发现的里程碑或纪念碑都体现了图拉真的深谋远虑。在其他国家，也可以看到类似的工程，如著名的阿尔坎塔拉桥。这些工程的花费有时由图拉真自掏腰包支付，有时由国库支付，或者由邻近城镇共同支付。

为了获取贸易利益，图拉真做了很多工作，如向外国海军开放港口。几百年前，罗马帝国政府在奥斯蒂亚加深拓宽的港口几乎已经完全被泥沙堵塞了。此时，罗马帝国政府采取了新措施以免奥斯蒂亚港继续衰败，并且将其命名

阿尔坎塔拉桥

三层划桨战船

为"图拉真港"。这个可以停泊三层划桨战船的宽阔港口也被印在了钱币上。不过,由于位于台伯河河口的旧港口无法满足日益增长的贸易运输需求,罗马似乎需要一个更安全的出海港口。因此,在森图姆塞利,即后来的奇维塔韦基亚,图拉真命人修建了一个新港口。小普林尼曾到过新港口的施工现场。他生动地描述了当时的情景,并且讲述了防波堤的情况。防波堤矗立在港口的入口,看起来像一座天然小岛,实际上是由大陆上的岩石建成的。

在安科纳港对岸,图拉真命人修建了第三个港口。至今,在安科纳,人们还能看到一座由巨石建成的凯旋门。这座凯旋门记录着罗马元老院对耗费了大量私人财产来打开意大利半岛大门并确保海洋安全的图拉真的感激之情。苏伊士地峡也是为了便于贸易往来修建的。当时的碑文记载了图拉真努力与邻近的托勒密家族共同开展花岗岩开采的重要工作。关注其他地方的同时,图拉真并未忽视罗马的建设。共和国时期和帝国早期修筑的宏伟水渠已经无法满足罗马民众的需求。常常有人抱怨，从远处山上引流的水总是浑浊不清，用水的人也会因粗心大意而污染水源。不过，在图拉真治下，人们小心地将来自不同水源地的水区分开，分别储存在新建的蓄水池中，供单独使用。除了在崎岖的山地上奔流而过后可以自行澄清的阿涅内河和更加纯净的玛西亚水道，其他水渠都由图拉真慷慨出资修建，并且专门以他的名字命名。在将近三十万罗马步①距离范围内，各种各样的水渠沿着无数拱门连接成的渡槽向外延伸。如今，水渠庞大的遗迹仍然令游客惊叹不已。从城墙一直延伸到遥远的坎帕尼亚，甚至在荒凉的萨宾山谷中，残破的水渠遗址随处可见。

奥古斯都时代伟大政治家的策略及其他统治者的虚荣和浮夸，使首都到处耸立着各种用途的宏伟建筑。不过，这些建筑的数量似乎还是太少。110年，

一枚铸造有玛西亚水道的罗马钱币

① 罗马步，古代罗马长度单位，1罗马步约等于147厘米，30万罗马步约合441千米。——译者注

图拉真命人修建新浴场、柱廊和剧场，希望后人铭记当时的皇帝尽管生活简朴，但依然建造了很多豪华建筑。就像没有一个泥瓦匠是为了自己的舒适而辛勤劳作一样，巨型斗兽场扩大到能容纳数千观众时，图拉真连自家的阳台也拆掉了，因为阳台凸出的部分可能会挡住观众的视线。在早先的正式颂词中，小普林尼曾提到图拉真为人谦逊，保留了旧有工程，而不是建造全新工程，使罗马街道终于在承包商的货车的碾压下得到了喘息的机会。也许在图拉真统治的最初几年，情况确实如此：他没为自己和家人修建大型雕像来歌功颂德。然而，令人吃惊的是，看到图拉真的名字刻在每一栋建筑上时，君士坦丁大帝[①]称

君士坦丁大帝

[①] 君士坦丁大帝（274—337），罗马帝国第五十七任皇帝，罗马帝国第一位信仰基督教的皇帝，颁布《米兰敕令》，承认了基督教的合法地位，在位期间还营建了新都君士坦丁堡。——译者注

其为爬满墙壁的寄生藤。不过，图拉真做的一切，只是遵循罗马帝国的传统。唯一不同的是，图拉真做了这么多利国利民的大事，却没给民众带来新负担。

图拉真的经费开支还体现了一种更新颖的构思，即通过采取"新措施"，实现"新目的"。18世纪中期，皮亚琴察附近的农民发现了一块至少十英尺[①]宽、六英尺高、六百磅[②]重的犁形铜板。很快，农民们把这块犁形铜板分割成碎片，还把其中一部分当作废铜卖掉了。收废铜的人准备用这些碎片做铃铛。幸运的是，这些碎片上的拉丁文吸引了一些学识渊博的人。他们慷慨解囊，将其他碎片也全部买走了。所有碎片拼凑在一起，便形成了迄今为止篇幅最长的古典铭文之一，多达六百七十行文字。这些文字的内容包括抵押契据，即图拉真向普拉森舍附近的农场主提供大量贷款的契约，上面详细列举了农场和农场主的名字及贷款的不同数额。其中，百分之五的利息拨给了一个基金项目，用来抚养一定数量的贫困儿童。用于每个儿童的抚养费也有明确规定。此后，人们在贝内文托也发现了类似的铭文碎片。我们有理由相信，整个罗马帝国都有类似的基金项目，但"新措施"在史料中讲得十分笼统。

有几件事需要注意。

首先，是前面提到的"新目的"。长期以来，罗马帝国的法律制度并不完善。成千上万名罗马公民每月都可以从政府获得粮食馈赠。对聚集在首都、体格健全的懒汉，以及萧条的手工业，有头脑的政治家痛心疾首。然而，没有一位皇帝会轻率地废除馈赠罗马公民粮食的政策。旧时的惯例并非出于仁爱之心，而是为了安定民心，这不得不牺牲必须为此支付费用的乡绅的利益。后来，馈赠罗马公民粮食的政策一直延续下来，是因为罗马帝国政府担心终止这项政策会引发骚乱。然而，各地都有无依无靠的孤儿或贫穷、残疾的孩子。对他们来说，现实无比残酷。他们才是真正需要救济的人。当时罗马帝国政府对这些孩子没有什么期望，也不怕他们会做出不利的事情，所以对他们的关心只

---

① 英尺，英制长度单位，1英尺等于0.3048米。——译者注
② 磅，这里指罗马磅，古罗马时代的质量计量单位，1罗马磅约合328.9克。——译者注

是政府的道义之举，而不是政府的职责。在图拉真之前，从来没有任何统治者主动承担过关心这些孩子的责任。然而，图拉真执政时期，这个问题越来越严重。因为无家可归的孤儿和残疾儿童的数量主要取决于罗马的父亲们是否有抚养新生儿的意愿。遗憾的是，随着手工业的衰退，以及良田因无人耕种而变成沙漠，杀婴现象越来越普遍。当时，人们并不担心人口的增长会超过生产供给。然而，自私或缺乏远见的人拒绝承担做父亲的责任，匆忙退出新生儿的世界，或者任其在幼年自生自灭。因此，可以说在照顾孤儿和残疾儿童方面，图拉真表现出了仁慈之心。在培养更多农民以耕种意大利半岛的土地方面，他也表现出了卓越的政治才能。从钱币和铭文中，我们可以找到证据：有的描述图拉真站着，接受妇女和孩子的跪拜；有的记录图拉真为自己热爱的意大利半岛长治不衰而采取的措施。

其次，是前面说的"新措施"。它特指为建立一个持久政治体制而采取的措施。某位皇帝存进国库的钱可能会被继任者花光。个人的善变或其他方面的需要可能会导致资金被扣留，使慈善工作陷入停滞状态。因此，图拉真采用的筹款形式是：贷款给全国各地的乡绅，把利息收入交给一个专门的基金组织，任命专员收取和分配这些资金。这种做法有一个好处：利用土地获得新资本并通过贷款获得利息，可以推动因缺乏资金而停滞的必要工作继续开展，使国家资源倍增。

最后，我们需要了解这些"新措施"实施的效果。可以预见，既然罗马帝国政府做了这么多工作，那么一定会有民众效仿政府的做法，并且类似的慈善事业会在富人中迅速发展。实际上，有一部分人确实效仿了政府的做法。在写给图拉真的信中，小普林尼讲述了自己开展的慈善事业，即用出租房产所得的租金维持贫困儿童的生活。有一则铭文记录了科莫镇民众对小普林尼的慷慨捐赠感激不尽。小普林尼的善行最早可以追溯到涅尔瓦统治时期。其他人似乎都以他们的时任皇帝为榜样。据史书记载，皇帝做慈善并不是一件稀罕事。图拉真之后的三任皇帝，即哈德良、安敦尼·庇护、马库斯·奥勒留，也都为慈善事业做出了应有的贡献。他们多半是为了帮助无人照顾的女孩，因为这些女孩出生后，她们的父亲往往会拒绝承担抚养责任。

然而，后来的皇帝们发现国库空虚，便贪得无厌地把手伸向之前帮助了无数人渡过难关的慈善基金。最终，在动荡不安的年代里，人们逐渐不再关注这笔基金。

可以看出，图拉真前面几任皇帝的仁慈是以令人质疑的方式每月向罗马民众发放粮食。为了填满粮仓，为首都市场储备粮食，之前的皇帝们向盛产粮食的行省征收赋税，购买大量粮食，随市场定价，同时禁止农产品运往意大利半岛以外的任何地区。在没有通行证的情况下，罗马贵族根本无法进入埃及①。尽管如此，图拉真的军队依然像看守着罗马帝国的粮仓一样，小心翼翼地守卫着埃及。然而，图拉真很有远见卓识，采取了一项更加开明的政策。他完全相信自由贸易能够平衡供求关系，拒绝为商品设立法定最高限价，并且相信生产商会用自己的方式把商品运到罗马。当时，由于尼罗河水位不足，埃及面临饥荒。不过，令人欣慰的是，在其他地方，商铺倒闭的现象并不多见。自由运输贸易的出现，使其他富裕行省很快取代了埃及的地位，在充足供应罗马市场后，还为埃及提供了盈余的粮食。

对行省管理，图拉真也采取了相同的大政方针。关于这个话题，小普林尼在比提尼亚当总督时写给图拉真的几封信，为我们提供了一些线索。小普林尼与图拉真的往来书信仍留存于世。在信中，小普林尼提到行省政策，透露出两个要点：一是城镇拥有地方自由和自治权；二是行省总督拥有干预权。

我们可能会注意到，在行省总督的治理下，整个罗马帝国仍然保留着很大程度的地方自由和自治。尽管在遥远的行省，上层阶层寥寥无几，拥有自治权的城镇或殖民地②也很少，但民众可以自由自在地生活。民众大会、罗马元老院及民选治安官管理着每个小市镇的事务。最富有的人以在荣誉岗位上为自己的

---

① 此处指罗马帝国行省之一的埃及，与现在的阿拉伯埃及共和国不是一个概念。——译者注
② 殖民地，古罗马在征服地设立的用于守卫的前哨要塞。——译者注

同胞服务为自豪，并且为民众利益花费了大量金钱。在少数情况下，这些自由特权是由征服时期的特别条约保障的，但通常得不到法律的保护。自由特权之所以能勉强延续，仅仅是因为统治者既没有意愿也没有闲暇来管理社会生活的所有细节。然而，行省总督拥有很大的干预权，只需要向罗马帝国政府申报即可。行省总督如果为满足自己的私欲而滥用职权或贪赃枉法，就往往会在任期结束后被责令为自己的不当行为做出解释。即使是有良知的行省总督，也会受到强行干预或发号施令的诱惑，有时是出于对权力的本能欲望，有时是出于对杂乱事务的厌烦，或者是出于对制度和谐统一的热爱。行省总督似乎尤其有责任介入防止浪费或滥用公共资金的行为，因为这些行为可能会加重将来的负担，或导致国库的资金来源枯竭。

小普林尼是一个空谈家和好学生，但称不上实干家。有时，他甚至会向图拉真提一些鸡毛蒜皮的问题。小普林尼觉得权力的负担过重，便向图拉真寻求支持和指导。他不满所有重大事件都必须由自己决断，所以总是草率行事。以下是他向图拉真提出的一些典型问题：

> 普鲁萨浴场又旧又脏，难道这座城市就不能发展到配得上它的荣耀和您的辉煌统治的程度吗？
>
> 浪费了那么多钱的尼科美底亚水渠俨然成了废墟。既然严重缺水，难道施工者不能将旧砖旧料物尽其用，用砖代替开凿的石头，少花一点钱吗？
>
> 尼西亚的剧场和体育馆建造得非常糟糕，难道不应该雇一个建筑师来看看是否可以整修一下吗？难道人们只会大把大把地往里面砸钱吗？
>
> 尼科美底亚想要扩大市场面积，但一座古老、破败不堪的大女神殿挡了路。难道不能把它迁移到别处吗？迁移神殿应该不影响举行祭祀仪式吧？此外，因为缺乏工具和专业人员，尼科美底亚最近

发生的火灾造成了严重损失。如果谨慎处理潜在问题,将来建一个消防员联盟应对此类事件发生有什么不妥吗?

在一些涉及财政大权的问题上,图拉真也许会希望臣僚征求自己的意见。然而,读到小普林尼要求从罗马派遣建筑师和测量师完成上述工程时,图拉真不耐烦了。他提醒小普林尼,这种建筑师和测量师在罗马找不到,但能在希腊和小亚细亚培养出来。此外,图拉真谴责官员,不合时宜的热情会使行省的法规和传统变得无足轻重。图拉真说:"强迫元老们把当时闲置的公共基金借贷出去收取利息也许是可行的,但不太合适。阿帕梅亚自行制定财政预算规则的旧有特权即使有些不可思议,也必须得到尊重。"图拉真不希望为整齐划一而取消加入罗马元老院时需要支付费用的惯例。总之,他重申不会肆意干涉任何基于真正法规或古老习俗的权利。

从史书记载可以看出,图拉真谨慎的自我克制力令人钦佩。他没有让稳定的中央政府体制取代五花八门的地方传统。然而,需要注意的是,在他执政期间,有一些不祥的预兆。在图拉真执政期间,如果温文尔雅的小普林尼曾试图提出专制制度,那么其他官员会不会为了得到图拉真的赏识而顺水推舟呢?对每个城镇的财政收入,如果中央政府都密切关注,那么在必要的时候,这些城镇会不会如数奉上呢?

这些问题的答案,也许可以揭晓罗马帝国逐渐衰落的两大原因:一是中央决策机构取代了地方机构,使地方机构停止运转;二是苛捐杂税耗尽了社会资源。

图拉真为罗马帝国的和平做出了重大贡献。然而,世人对图拉真的了解主要停留在他是一名军事家的层面,即图拉真重新启动了已中止一个世纪之久的罗马帝国征战传统。尤利乌斯·恺撒的才能及奥古斯都手下将领的稳步前进,把罗马帝国的征服武器带到了新的疆域,并且继续向外扩张,直到把罗马帝国的疆土扩展到以山川为分界线的位置。此后,除了征服不列颠,罗马帝国没有

韦斯巴芗

取得任何重要的征战胜利。后来的几位皇帝把将领留在边疆营地,对征战事业失去了兴致。即使是像韦斯巴芗一样受过军事训练的人,也会把全部精力放在罗马帝国的官场上,因为他们担心长期远离首都会带来不良后果。然而,图拉真不这样想。在他看来,也许中央政府运转得很平稳,很安全,但自己的军事才能会因无用武之地而日渐荒废。可能会有人私下议论,一个靠武力建立的帝国,必须不断地操练士兵,并且及时花精力维护才行。如果总是被关在边疆营地里,做无聊又不体面的琐事,罗马士兵的精神可能会日渐萎靡,而北方相邻各族每天都在虎视眈眈。

有一段时间，日耳曼部族陷于内斗，没有威胁到罗马帝国的边界。部族之间的自相残杀削弱了彼此的力量。对此，塔西佗早期写的《日耳曼尼亚志》以胜利者的姿态记录了残酷血腥的斗争场面。这场斗争几乎从《民族志》中抹去了曾经无比强大的布鲁克特里家族的名字。然而，罗马军团的军纪并不严明。图拉真似乎是图密善执政时派去统率莱茵河河畔的军团的最高指挥官。作为

日耳曼人

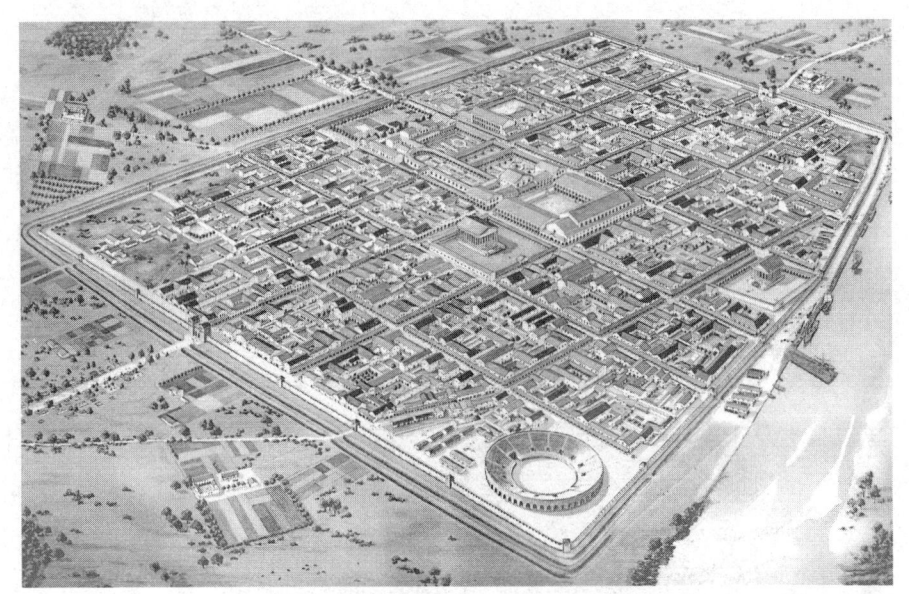

克罗尼亚乌尔比亚特莱亚纳殖民地复原图

一名值得信赖的将领，图拉真善于加强军纪，能够确保罗马军团的忠诚不再摇摆不定。曾经，有一名将领带兵反叛。兵变尽管很快平息了，但给士兵留下了不安情绪。担任最高职位时，软弱、自私的将领往往很难保证严明的纪律，需要坚定不移的意志来制止罪恶的暴政。图拉真找到了这份足以让自己干好几年的工作。即使是人生中最重要的崛起和涅尔瓦驾崩的噩耗，也没能让图拉真立即放下军职。

图拉真加强了日耳曼尼亚边境防御工事的建设。新建的城镇、堡垒，以及边境加强的防线上，都留下了他精心部署防卫的痕迹。67年的战争中，在被日耳曼人[①]攻陷的旧营地、要塞[②]的遗址上，图拉真建立了克罗尼亚乌尔比亚特莱亚纳殖民地。在日耳曼人早期的诗歌中，这个殖民地的名字曾以"小特洛

---

① 日耳曼人，古代一些居于欧洲西北部的民族的统称，后来发展成今天的丹麦人、瑞典人、挪威人、荷兰人、德意志人、盎格鲁-撒克逊人等。——译者注
② 此处指卡斯特拉老兵驻地。——原注

法兰克人

伊"的奇怪形式出现,使人们深信法兰克人①来自特洛伊的古老传说。后来,克罗尼亚乌尔比亚特莱亚纳改名为克桑滕。世人认为,此处是底比斯军团屠杀克桑滕的维克多②及其追随者的遗址。在图拉真为殖民地或城堡选择的众多位

---

① 法兰克人,指古代居住在莱茵河北部的日耳曼人。——译者注
② 克桑滕的维克多,天主教和东正教的殉教者。据说,他是底比斯军团的一员。4世纪,他因拒绝向罗马诸神献祭而被处死。——译者注

置中，最著名的可能是后来的巴登-巴登①。在巴登-巴登，当代人发现了许多曾在图拉真手下服役的军团的踪迹。士兵们，如后来的退役伤残士兵，很喜欢在巴登-巴登的温泉疗养。图拉真统治时期，罗马帝国修筑的规模最宏大的防御工事，是为了保卫多瑙河和莱茵河之间的阿格戴可美特。

当时，高卢各地的殖民者受邀到巴登-巴登定居。只要向罗马帝国政府支付十分之一的租金，殖民者就能得到土地。巴登-巴登是罗马帝国北部边境的薄弱环节，所以需要专门防线。在很早以前，提比略和尼禄就开始培养殖民者

提比略

---

① 巴登-巴登，德国西南部的一座城市，著名温泉疗养地，因罗马帝国时期罗马人发现此处有温泉而出名。——译者注

了。图拉真统治时期,殖民者干劲十足,誓死保卫巴登-巴登。后来的统治者继续加强防卫工作。罗马帝国的边界防线跨越大江大河,绵延数英里[①],有城墙、堤坝和栅栏,每隔一小段距离就设有防御工事。至今,这些防御工事的遗址仍零星分布于各处,几乎没有受到岁月的摧残。在农民的俗语中,这些防御工事的遗址被称为"魔鬼墙",或许还有其他更离奇的叫法。图拉真之后的许多年里,一些以他的名字命名的防御工事仍然出现在历史上和当地人的记忆中,见证了他在位时的充沛精力。现代游客尽管没有发现确切证据,但认为在美因茨附近发现的遗迹,是图拉真建造的一座横跨莱茵河的石桥的一部分。这座石桥和雷根斯堡石桥的设计方案一样。

返回罗马之前,图拉真彻底解决了日耳曼尼亚的麻烦,所以不需要再回到日耳曼尼亚边界了。然而,多瑙河河畔很快传来了要求采取果断行动的迫切呼声。图拉真毫不迟疑地做出了回应。历史上,散居在多瑙河下游两岸的人曾有过许多不同的名字。其中,最耳熟能详的是色雷斯人、盖塔人、达契亚人,但这些人似乎都来自同一个大族群。他们经常与希腊和罗马的势力发生冲突。直到奥古斯都治下,所有的南方部族都被征服了。与此同时,多瑙河下游的土地成为罗马帝国的一个行省,称"莫西亚"。

然而,居住在北方的达契亚人仍然处于独立状态。达契亚人的国王戴凯巴路斯号召全族团结起来,组建一个强大的国家。戴凯巴路斯并不满足于在特兰西瓦尼亚的山脉中建立一个强大的王国。因此,他率兵从自己的天然堡垒中突围而出,越过多瑙河,在莫西亚的村庄中大肆烧杀抢掠。图密善亲自前往救援,但发现为时已晚。因为他既不具备将军的本领,也没有士兵的胆量。然而,图密善非常愿意用达契亚人视为贡品的贵重礼物来换取不光彩的和平。戴凯巴路斯并非只为实现庸俗目的的野蛮人,而是一个洞悉文明之道,懂得以彼之道还施彼身的人。他要求图密善派遣艺术家和工匠到北方传播罗马的艺术文

---

① 英里,英制长度计量单位,1英里约合1.609千米。——译者注

达契亚人

化和手工技能。取得成功后，戴凯巴路斯的胆子越发大了。他认为胆小的图密善和年迈的涅尔瓦软弱无能，便提出了自己的条件，并且威胁说要率兵越过多瑙河。然而，图拉真不愿忍受这种屈辱。面对达契亚人的进贡要求，图拉真傲慢地表示对方至少要打败自己才行。随后，图拉真听到了新的侮辱言辞，知道了邻近各族甚至遥远的帕提亚人①的阴谋诡计。于是，他决心保卫罗马帝国的安全，为帝国荣誉而战。101年，图拉真宣战并挥军东进。一同出征的还有图拉

戴凯巴路斯

---

① 帕提亚人，帕提亚帝国的居民。帕提亚帝国又称安息帝国，是公元前247年到公元224年古波斯的一个国家。——译者注

哈德良

真的表侄①哈德良及亲信卢修斯·李锡尼·苏拉。强兵猛将齐上阵，为赢得新的荣誉而战。

图拉真似乎并没有被罗马的奢华生活影响，始终保持着早年坚韧不拔的意志。旧部下目睹他不戴冠冕，徒步行军，直面所有危险与痛苦，参与各种军事演习，或者不顾个人安危，随时准备猛攻敌军。据说，图拉真拥有非凡的记忆力，能记住军团里普通士兵的名字和相貌，熟知他们的英勇事迹。这让每个士兵都觉得自己备受关注。在士兵们看来，图拉真和以前的皇帝不同。他并非偶尔从罗马赶来庆祝胜利，逢场作戏。现实战争很残酷，需要一位受过长期军事训练的指挥官做统帅。对图拉真，士兵们充满了信心。在图拉真的领导下，士

---

① 哈德良的祖母乌尔比娅是图拉真的父亲马库斯·乌尔比斯·特拉扬努斯的妹妹，所以哈德良是图拉真的表侄。——译者注

兵们恢复了严明的军纪,开始渴望战斗,并且信心十足,相信自己一定会取得胜利。

要了解图拉真指挥战争的详情,我们可以查阅古代编年史。不过,卡西乌斯·狄奥对战争的论述仅限于各章的简要总结。而碑文铭刻可以提供更多细节。图拉真时代的桥梁、要塞和道路工程等都用罗马帝国的通用语言记录了当地发生的战事。根据纪念阵亡士兵的铭文,我们可以追踪罗马军团的行军路线。艺术家用灵巧的手,描绘出各种形象的远征军画面。然而,即使有了这些画,我们充其量也只能想象战争的概况,而不能指望得到任何确切的细节描述。从不同路线穿过潘诺尼亚的部队很可能首先在斯特拉博[①]所说的达契亚

斯特拉博

---

① 斯特拉博(前64—24),希腊地理学家、哲学家、历史学家。——译者注

战争①的起点萨沃河上的塞格斯提卡集结起来。罗马军团就在塞格斯提卡加强了防御工事。在这里,船可以聚集在一起,顺流而下,以备不时之需。在萨沃河两岸,奥古斯都的军队已经筑起新弹药库和堡垒,以便保障后方通信畅通。刻在奥格拉迪纳附近岩石上的铭文记录了图拉真统治时期工程师做的巨大贡献。罗马军团有序地向东行进,最后在贝尔格莱德和奥尔绍瓦之间的两个地点渡过多瑙河。这两个地点可能是费米拉孔和蒂尔纳。在这两个地点河流最窄的地方,罗马军团用船搭建了一座桥。图拉真亲自率领一半士兵过河。另一半士兵则听命于一个叫卢西乌斯·奎耶塔斯的摩尔人②。在图拉真手下的将领中,卢西乌斯·奎耶塔斯最干练、最可靠。

图拉真柱上雕刻的摩尔人骑兵

---

① 达契亚战争,1世纪初,罗马帝国征服达契亚(相当于今罗马尼亚一带)的战争,共有两次,达契亚人战败,达契亚被并入罗马帝国。——译者注
② 摩尔人,古代北非、西非、伊比利亚半岛、西西里岛等地的穆斯林居民,主要由阿拉伯人、柏柏尔人、埃塞俄比亚人、撒拉哈人构成。——译者注

最初，达契亚军兵分两路，在通往达契亚据点的唯一山口会合。在达契亚军行进过程中，罗马军团没有骚扰他们，也没有阻拦他们过河。达契亚人还派来了几位使者，似乎想和谈。然而，有人发现这些使者只不过是一些无足轻重的小人物。他们留着长发，没有戴象征官职的帽子，还从邻国带来了伪造的公文。图拉真怀疑这些使者是叛国贼，果断拒绝与他们和谈。备受冷落后，达契亚使者灰溜溜地回去了。102年春，图拉真率领罗马军团继续前进。这时，达契亚人又派来了几位职位较高的使者。这些使者头戴象征官职的帽子，貌似是达契亚国王戴凯巴路斯的宠臣。奉戴凯巴路斯之命，使者前来请求宽恕，表示愿意接受图拉真及其官员提出的任何条件。然而，这只是戴凯巴路斯不愿会见罗马帝国使者的缓兵之计。不久后，全副武装的戴凯巴路斯突然现身，率军向行进的罗马军团扑去。两军在塔帕伊展开了殊死搏斗。罗马将士奋勇杀敌，因为他们都知道图拉真在与自己并肩作战。最终，罗马军团获胜，让达契亚人付出了巨大代价。战场上尸横遍野，还有很多奄奄一息的伤兵。由于严重缺乏包扎伤口的软麻布，图拉真不惜将自己的衣服撕成碎片，给躺在地上的伤兵止血。卢西乌斯·奎耶塔斯率领的罗马部队也在行进途中遭到了伏击，但击退了伏击者，与图拉真的部队成功会合。

离开多瑙河后，罗马军团一直在行军，直到抵达现在被称为奥地利巴纳特的地方。一道巨大的山脉屏障把奥地利巴纳特与达契亚王国①的中心特兰西瓦尼亚隔开。只有一条被称为"铁门"的狭窄裂缝贯穿这条山脉。这条裂缝可能是陡峭的山坡岩层运动形成的，也可能是附近矿井施工造成的。罗马士兵必须像后来的游客一样穿过这条狭窄裂缝。意志不够坚定的领袖可能会在危险面前退缩。然而，图拉真毅然决然地命令士兵向前行进，并且命轻装部队占领高地，通过艰苦的战斗，在山里开辟了一条通道。

---

① 达契亚王国，公元前1世纪布雷比斯塔建立的王国，位于喀尔巴阡山脉和多瑙河之间。后来，达契亚王国逐渐壮大，威胁到了罗马帝国的边境。因此，罗马帝国不断征伐达契亚王国，最终将其征服。——译者注

图拉真把自己的衣服撕破成碎片，给躺在地上的罗马士兵止血

与戴凯巴路斯的部队再次交战前,罗马军团一直在艰苦行军。在"铁门"通往哈茨泽格尔塔的开阔地带,罗马军团驻扎了一段时间。至今,人们还可以看到罗马军团当时驻扎的营地。达契亚王国的首都萨米塞格图萨受到威胁。为了保卫首都,达契亚人决定决一死战。经过艰苦的战斗,达契亚人再次屈服了,因为抵抗已经毫无希望。由于妹妹在一个戒备森严的堡垒里被罗马士兵俘虏,戴凯巴路斯精神崩溃了。最后,他派出一批显要人物做使者。为了表示自己已

罗马军团围攻萨米塞格图萨

戴凯巴路斯的亲信来到图拉真面前致敬

经完全屈服,戴凯巴路斯命人将使者的双手绑在背后,并且接受了罗马人提出的所有苛刻条件。达契亚人要把自己的据点夷为平地,放弃从邻邦夺取的战利品,送回在达契亚教授罗马艺术与技艺的艺术家、工匠,并遣返俘虏的罗马士兵。戴凯巴路斯甚至同意派自己的亲信去请求罗马元老院批准当时达成的和约,并且到图拉真面前致敬。

达契亚战争已经持续了两年多。对任何一位罗马帝国皇帝来说,在罗马以外的地方停留这么久都很危险。然而,图拉真不相信战争会就此结束。因为尽管戴凯巴路斯被打败了,但其势力并未被彻底粉碎,达契亚王国也未被完全征服。达契亚人依然勇敢忠诚,很可能会与东边邻国甚至帕提亚帝国结盟。达契亚人和帕提亚人会因对罗马帝国的忌惮而团结在一起。不久,戴凯巴路斯要报仇雪耻的消息开始传播。据说,他派人重建了被拆除的堡垒,并且派兵驻守。他把忽冷忽热的朋友或者从颠覆罗马帝国的大业中逃离的人重新召集在一起,运用所有外交手段紧急组织了一个同盟,还在战场上部署军队。图拉真知道,如果不想看到多年的努力付诸东流,就不能再耽搁时间了。因此,经过几个月的休整,图拉真再次启程,前往旧时的战场,决心将达契亚收归为罗马帝国的附属行省。

剑拔弩张之际,图拉真会见了背信弃义的人。在莫西亚,有刺客试图刺杀图拉真,但刺杀行动失败了。与达契亚首领举行会谈时,图拉真的一个分遣队指挥官狄奥尼修斯·朗吉努斯被对方诱捕。达契亚人威胁说,只有罗马军团撤退,达契亚王国的和平得到保障,他们才会释放狄奥尼修斯·朗吉努斯。然而,忠心耿耿的狄奥尼修斯·朗吉努斯不愿意用国家利益换取自己的生命,甚至不愿意让自己的皇帝面临两难的境地。因此,他毫不犹豫地直面无法避免的死亡命运,只希望图拉真能为自己报仇。图拉真的作战计划很快就成熟了。随后,必要的战备工作开展起来。其中,最重要的工程是建造横跨多瑙河的大桥。

图拉真并不满足于拥有几艘在上次战争中匆忙建造的船。因此,他决定建造一座石桥,或者完成上次战争中已经开始修建的那座石桥。这样一来,罗马士兵就可以免受霜冻之苦或突如其来的攻击。后来,担任潘诺尼亚行省总督时,卡西乌斯·狄奥看到了这项宏伟的工程,感到非常震惊,认为这是图拉真创造的最伟大的作品。卡西乌斯·狄奥说,这座桥有二十个支撑圆拱的桥墩,每个桥墩都有六十英尺宽、一百五十英尺高,并且这个高度不包括地基。卡西

大马士革的阿波罗多罗斯

乌斯·狄奥时期，这座桥已经残破不堪。不过，巨大的桥墩依然展现了图拉真的伟大目标和工程师大马士革的阿波罗多罗斯的建造技巧。切尔内斯镇附近的瓦拉几亚图尔努-塞维林和塞尔维扬克拉多瓦之间，曾经闻名遐迩的大桥遗迹仍然可见。从这里开始，沿着河的右岸，有一条古罗马道路。瓦拉几亚人[①]称

[①] 瓦拉几亚人，也称弗拉赫人，古代生活在东欧、中欧及东南欧的一个民族，是现在罗马尼亚人等民族的祖先。——译者注

它为"图拉真路"。这条道路穿过一个山谷,一直延伸到赫曼施塔特。在喀尔巴阡山脉入口处叫"红塔"的峡谷,这条道路得到了加固。为了纪念图拉真的军功,"图拉真之门"至今仍然矗立在红塔峡谷。115年开始的这场战争中,罗马士兵要彻底征服达契亚人。罗马士兵长途跋涉,从南面或西面汇聚到群山包围的达契亚王国。罗马士兵冲破铁门,穿过伏尔坎山口和红塔峡谷,攻破了达契亚人新修筑的防御工事。经过多次艰苦战斗,罗马士兵横扫达契亚军,使其节节败退。最后,罗马士兵占领了达契亚王国的首都萨米塞格图萨。

戴凯巴路斯依仗的同盟化为乌有:他的老部下偷偷溜走了;他寻求的同盟置身事外,只留下达契亚人孤军奋战。戴凯巴路斯像野兽一样,被罗马士兵从一个巢穴追到另一个巢穴。看到一个又一个城堡被夺走,要塞再也撑不住时,戴凯巴路斯以自杀的方式结束了这场战争。直到最后一刻,许多忠实追随者仍然对戴凯巴路斯忠心耿耿。他们放火烧了自己的家,一个接一个地服毒自杀,不愿在自己热爱的国家毫无自由地活下去。达契亚最后一座城堡被攻陷时,一些被小心翼翼藏起来的财宝落入了胜利者手中。戴凯巴路斯曾把萨尔盖提亚河改流,让战俘在干涸的河床上建造了一个秘密仓库,然后把水流恢复到原来的河道上,并且在完工后将战俘屠杀殆尽。然而,一切都是徒劳。戴凯巴路斯的一个亲信还活着,在罗马监狱里奄奄一息。为了保命或以功抵过,此人说出了这个秘密。

106年,战争结束后,达契亚王国已不复存在。剩下的工作就是组织、管理被征服的达契亚人。从图拉真建桥的地方开始,修缮和扩建通往罗马的道路刻不容缓。罗马军团进入红塔峡谷,修筑坚固的防御工事,并且在道路交会的中心地带修建了堡垒,以便从高处对各个隘口发号施令。新城镇迅速兴起,有罗马化的名字,还要遵守罗马帝国的法规。许多从血腥战争中逃出来的老居民离开了荒废的家园,到东方各民族中寻求庇护。罗马退伍士兵取代了达契亚人的位置。这些士兵的勇敢为自己赢得了赏金和土地。为了进一步改善

戴凯巴路斯自杀

这块被踩躏的土地上荒废的生活，殖民者响应图拉真的号召，从边境各行省蜂拥而至。这里仍然有很多吃苦耐劳的农民，才刚刚被纳入罗马帝国的管辖范围，但已准备好成为遥远的喀尔巴阡河谷文明进步的先驱。工匠、建筑师、古典艺术家也相继到来，有些甚至是跟随军队一起来的。在城镇中，宗教建筑、浴场、渡槽和剧场迅速兴建，各种各样的纪念碑也树立起来。因此，对古文物研究者来说，没有什么地方比罗马帝国最新征服的达契亚更有意义了。然而，奇怪的是，被征服的达契亚人代代相传的信仰也一同消失了。在废墟中发现的碑文记录了祭拜东方各神的奇特仪式，但其中似乎没有古老的民族宗教象征。

我们不需要更多证据来证明罗马士兵是如何彻底征服达契亚的。在被罗马帝国逐渐瓦解的过程中，达契亚虽然很快就遭受了入侵者的踩躏，被哥特人①、匈人②、斯拉夫人③轮番侵略，也曾遭受残酷的烧杀抢掠，但在不到两个世纪的时间里，就完全摆脱了这些人的掌控。不过，达契亚人仍然铭记着图拉真，许多象征权力的纪念碑上都刻有图拉真的名字。在野蛮战争和罗马帝国的缓慢衰落过程中，殖民者带来的古罗马语幸存下来。正如多瑙河的瓦拉几亚人所说，事实证明古罗马语与后来的法语或意大利语有着毋庸置疑的语系关系。可以说，古罗马语在瓦拉几亚流传下来，并且对罗马尼亚语产生了持久的影响。

为了纪念长达一千英里的环形行省的辉煌成就，罗马帝国似乎需要一个同样宏伟的纪念广场。广场的地址选在卡比托奈山和奎里纳莱山之间高高的山脊上。在这里，罗马人开辟了一片空地，修建了一个新广场——图拉真广场。

---

① 哥特人，东日耳曼人部落的一个分支部族，对西罗马帝国的衰败起了推波助澜的作用。——译者注
② 匈人，指公元4世纪到6世纪，在中亚、高加索、东欧等地活动的一个游牧民族，曾征服罗马帝国边陲的日耳曼部落，还入侵过罗马帝国。——译者注
③ 斯拉夫人，发源于今波兰东南部维斯瓦河上游一带，后逐渐迁移到东欧平原，现在主要分布于东欧和中欧。——译者注

哥萨人

当时，伟大的建筑师大马士革的阿波罗多罗斯受命装饰广场。图拉真广场的入口处，矗立着凯旋门。这座凯旋门的一部分雕像和浅浮雕被后人拆除，用来建造君士坦丁拱门。然而，后人毫无品位的画蛇添足把这些雕像和浅浮雕弄得面目全非。图拉真广场对面，有一座大教堂。大教堂有穹顶式柱廊，曾被用作交易所和法庭，其名字是从雅典的门廊借用来的。这种建筑形式一直延续下来，形成了早期基督教教堂的建筑风格。像其他纪念场所一样，广场中央有一尊图拉真骑马雕像。广场的每个角落，都有雕像和象征征服战争的标志物。后来的皇帝们还增加了许多其他雕像和战争标志物。君士坦丁大帝统治时期，艺

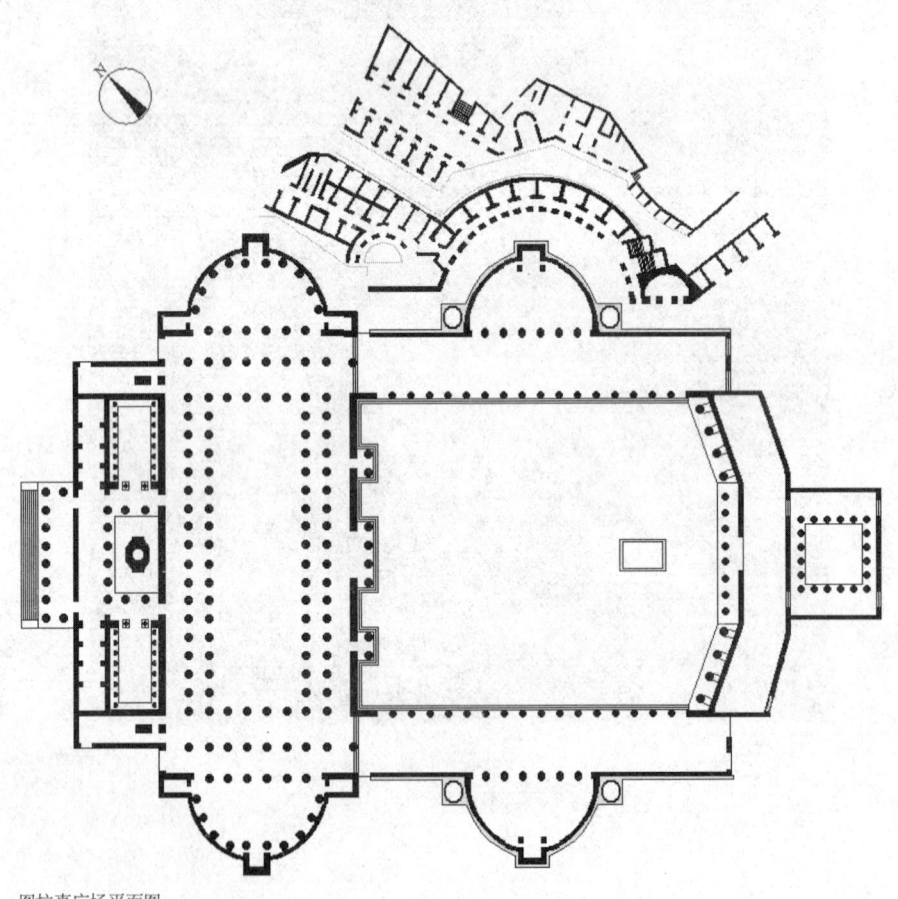

图拉真广场平面图

图拉真广场上的建筑

术陷入低谷。人们借用其他艺术形式,却毁掉了原有的装饰。紧挨着广场,有一座大图书馆。在成文法和法理学藏书方面,这座大图书馆比其他图书馆的馆藏都丰富,里面陈列着所有已逝的卓越艺术家、文学家和科学家的半身像。这些雕像为图书馆增色不少。

达契亚战争胜利纪功柱高一百二十八英尺，比其他著名图拉真柱高得多。图拉真广场所在的小山下面，标记着当时被清除的泥土数量。二十三块大理石堆叠在一起，构成了圆柱的轴心，一系列雕塑群呈螺旋形围绕在周围，生动地描绘了罗马帝国征服达契亚的史实及达契亚战争中发生的所有特殊事件。对时间、地点等实际情况，我们尽管了解得很少，但仍然可以从雕塑的场景中探寻罗马士兵的行军轨迹，想象他们在用船搭建的桥上横渡河流，冲破高山和森

达契亚战争胜利纪功柱上的雕刻

达契亚战争胜利纪功柱上的雕刻

林的阻隔，突袭并烧毁达契亚人的堡垒，把战利品献给自己的皇帝，为胜利增添光彩。我们可以分辨出穿着束腰外衣的达契亚人，以及在达契亚营地外发生的小规模战斗：达契亚营地上方悬挂着象征达契亚的飞龙旗；栅栏上装饰着从倒下的罗马士兵身上砍下来的令人毛骨悚然的头骨。通过罗马士兵的尸体被战车车轮碾碎，或者达契亚妇女聚集在被俘的罗马士兵周围并把点燃的火把举到罗马士兵四肢上的场景，我们可以想象当时的达契亚人多么凶残。我们还可以看到达契亚人伸出双手请求赦免，或者带着妻子、孩子，以及家禽、家畜悲伤地离开家园，又或者像野兽一样被驱赶到海湾，围在一起喝装在高脚杯里的毒酒，临死前在地上痛苦地翻滚、呻吟。

标志最高荣誉和辉煌成就的图拉真广场，除了雕像上的镀金和颜色几乎完全消失，其他地方并未受到岁月的侵蚀。曾经矗立在顶端的图拉真骑马雕像现在却被使徒保罗的雕像取代了。其他皇帝的雕像也所剩无几。不过，根据一

图拉真柱上的使徒保罗雕像

君士坦提乌斯一世

位历史学家描述的两个世纪后君士坦提乌斯一世①首次进入罗马的情景,可以判断实际损失情况。据说,君士坦提乌斯一世惊奇地凝视着这座辉煌的古城。来到图拉真广场时,他站在那里,对这件似乎远远超出文字所能描绘、也远超日后可以复制的艺术品赞叹不已。君士坦提乌斯一世知道自己没有可能像图拉真那样取得伟大功绩。最后,君士坦提乌斯一世说,如果能拥有和图拉真一

① 君士坦提乌斯一世(250—306),罗马帝国第五十六任皇帝,君士坦丁大帝的父亲,君士坦丁王朝的开创者。——译者注

样的马就心满意足了。站在他身边的波斯贵族何尔米斯达说:"最好先把马厩建好,因为你的马应该像我们欣赏的那匹马一样,高贵地住在马厩里。"

罗马军团在遥远的北方开疆拓土时,南方边界线也得到了进一步扩展。叙利亚行省总督奥鲁斯·科尔内留斯·帕尔马·弗龙托尼阿努斯曾在阿拉伯沙漠行军。然而,干旱和瘟疫使奥古斯都的士兵伤亡惨重后,叙利亚行省再未出现过罗马军团。105年到107年,罗马帝国征服了以土买①西南部城市佩特拉。因此,该时期罗马帝国钱币上雕刻着阿拉伯半岛女性恭敬地向图拉真进献熏香,表达臣服之意。图拉真的伟大功绩令一些迄今不为人知的国家纷纷向罗马帝国求和。

此后,罗马帝国取得的所有胜利既异常辉煌,又充满了血腥。一百二十天的时间里,一轮又一轮的血腥场面持续上演:成千上万只野兽死在斗兽场中;战俘们围成一圈,玩着血腥的游戏,直到无所事事的观众对大约一万名战俘失去生命感到心满意足为止。

此后多年,罗马帝国与周边国家都保持和平状态。这种和平状态或许只被罗马帝国对帕提亚人发动的一次短暂战争打破过。尽管史书没有记载这个问题,但一些勋章和教会作家提供的证据似乎表明了这一点。

这段和平时期里,确实有足够多的事情占据图拉真的大脑。大量政府事务、行政监督工作、首都和整个罗马帝国的宏伟建筑,以及前文讲述过的慈善利民计划,足以完全占据他的大脑。因此,不必担心图拉真的能力会因和平时期的无事可做而下降。不过,危险仍然存在。当时,似乎有传言说,有人想密谋造反。性格刚毅的图拉真从未公开表示相信传言,对其置之不理。然而,他平静的生活还是被传言扰乱了。于是,他在罗马停留的时间更长了,因为生活在这座城市中的民众很狂热,就像不定时炸弹,随时可能爆炸。图拉真之前的很多统治者都曾害怕民众或卫兵变幻无常的激情,以及无耻阴谋家的嫉妒心。

---

① 以土买,《旧约》中以东的希腊名称,指犹大王国南部,位于今天的以色列。——译者注

斗兽场里的血腥场景

113年，图拉真对帕提亚帝国宣战。他决定再次吹响战争号角的原因，可能是对国内局势感到不安，也可能是对绝对权力的过分自信，还可能是追求更高荣誉的野心。

历史上，罗马帝国只有一个对手，那就是东方的帕提亚帝国。因此，想要挑起一场战争并不难。当时，帕提亚帝国国王奥斯罗埃斯一世把亚美尼亚收为附属地，还让自己的侄子帕塔马西里斯登上了亚美尼亚王位。长期以来，罗马人一直把亚美尼亚当作罗马帝国的附属国。尼禄还曾给自己选择的亚美尼亚国王提里达斯一世加冕。对奥斯罗埃斯一世的这一侮辱行为，罗马人非常不满。他们扬言，如果入侵者不从亚美尼亚撤军，让新立的国王自生自灭，就立即发动战争。这个借口令罗马人很开心，因为只有亚美尼亚的帝国边境隐患还没有消除，始终有一只武装力量威胁罗马帝国边界的安宁。

备战的号角再次响起，整个军械库都被调动起来。东部的大道上，罗马军团行军的脚步声不绝于耳。不久，图拉真亲自率兵前往战场。途中，他在雅

奥斯罗埃斯一世

卡莱战役

典停留了一段时间。帕提亚帝国使者奉命前来求和，献上礼物，请求图拉真接受奥斯罗埃斯一世的一个亲戚任亚美尼亚国王，因为此时，帕提亚帝国已不再处于鼎盛时期。帕提亚帝国曾在生死攸关的卡莱战役中击溃了马库斯·李锡尼·克拉苏[①]的军队，毫无阻拦地横扫西亚，把马库斯·安东尼[②]从一场毫无结果、不光彩的战争中赶了出去。帕提亚帝国也曾轻松打败塞琉古帝国[③]，声名鹊起。征服的力量驱使帕提亚人离开位于高地的家园，推翻小亚细亚的皇位，直到从幼发拉底河到阿姆河和希达斯皮斯的所有人都拥护帕提亚帝国的统治。

① 马库斯·李锡尼·克拉苏（前115—前53），古罗马政治家、将领，在罗马共和国向罗马帝国转型的过程中发挥了重要作用，常被称为"罗马最富有的人"。——译者注
② 马库斯·安东尼（前83—前30），古罗马政治家、军事家，恺撒大帝手下最重要的军队指挥官，也是"后三巨头"之一。后来，"后三巨头"决裂，马库斯·安东尼和埃及女王克利奥帕特拉七世先后自杀。——译者注
③ 塞琉古帝国，公元前312年，亚历山大大帝的部将塞琉古一世建立的一个希腊化国家，以叙利亚为中心，过度扩张疆土使地方行省分离主义严重，再加上长期战争消耗及外敌入侵，于公元前63年覆灭。——译者注

然而，帕提亚帝国逐渐衰落，其辉煌一去不复返。帕提亚人没有组织或创造的天赋，充其量是好战民族中的贵族，喜欢统治臣民。他们尽管对自己的民族充满骄傲，但对所有文明进步的艺术充满蔑视。帕提亚人的血性已经逐渐丧失，执政的阿尔萨息王朝因内讧而面临分崩离析的危险。帕提亚人几乎无法用为自己赢得荣耀的剑对付敌人了。

图拉真可能知道帕提亚人的弱点，或者只是想展现自己坚强的意志。他傲慢地对帕提亚帝国使者说，友谊是靠行动而不是甜言蜜语获得的，他会视具体情况采取适当行动。之后，图拉真从雅典出发，继续向叙利亚行省的关键要塞塞琉西亚进发。对塞琉西亚遭受的围攻，图拉真记忆犹新。对罗马士兵通过顽强抵抗盖乌斯·尤利乌斯·提格兰获得自由，图拉真也感到由衷的自豪。随后，图拉真率军前往邻近的安条克。114年1月，图拉真抵达安条克。在拥挤的街道上，东西方社会潮流融为一体。在安条克，人们第一次听到了"基督教"这个名字。同样是在安条克，在达夫尼的柏树园举行的宗教活动备受瞩目，但实际上此地是臭名昭著的淫荡之地。前来求和的帕提亚帝国使者越来越多。在路上，人们能看到行省总督和小部族的首领们前去拜见图拉真，并且以神的名义宣誓效忠图拉真。

罗马军团继续向幼发拉底河行进，途中没有遭遇任何武装力量的阻挡。刚刚登上亚美尼亚王位的帕塔马西里斯曾多次派人拜见图拉真。然而，帕塔马西里斯第一封信的措辞很优雅，就像是写给自己的兄弟，所以没有得到图拉真的回复。第二封信中，帕塔马西里斯放低了姿态，表示愿意通过邻省总督表达自己的敬意。图拉真很少屈尊来了解这些细节，甚至在一段时间内并没有派人取代帕塔马西里斯的王位，而只是打发行省总督的儿子去答复他。

不久后，行进的罗马军团越过了亚美尼亚边界，不费吹灰之力就占领了经过的城镇。到达亚美尼亚的中心地带时，图拉真曾召见帕塔马西里斯。图拉真坐在高高的宝座上。宝座底下是修建营地壕沟的工程，周围是排列整齐的士兵。图拉真像是在参加阅兵式。帕塔马西里斯在宝座前深深鞠了一躬，把自己

帕塔马西里斯将王冠放在图拉真脚下

的王冠放在图拉真脚下，然后静静地等待上方传来优雅的回礼。然而，帕塔马西里斯的希望和等待都落空了。对他的自谦行为，站在附近的罗马士兵大喊胜利。帕塔马西里斯被喧闹声吓了一跳，转过身想逃跑，却发现自己被全副武装的罗马士兵包围了。冷静下来后，他请求单独拜见图拉真，但没有得到任何回应。帕塔马西里斯只能愤怒地转身离开营地。没走多远，他就被叫回去，再次来到图拉真面前。图拉真让他当着罗马士兵的面为自己辩护。最后，帕塔马西里斯作为国王的自尊心爆发了。他怒不可遏地说自己并不是作为一个被征服的敌人或卑微的附庸来拜见图拉真的，而是自愿来拜会罗马帝国皇帝的。他放下王冠，是为了向图拉真表达敬意，希望图拉真能把王国重新还给他，就像尼禄把王国赐给提里达斯一世一样。图拉真的回答声色俱厉、言简意赅："从此，亚

尼禄将王冠赐给提里达斯一世

美尼亚将成为罗马帝国的一个行省，不需要国王了。"如果图拉真愿意，帕塔马西里斯和随行人员本可以安然无恙地离开。然而，帕塔马西里斯太过意气用事，怎么可能不战而降呢？他飞身取武器，但很快就被乱刀砍死了。图拉真没有足够的肚量来宽恕对自己卑躬屈膝的对手。

此后，恐慌在整个小亚细亚蔓延。众多小国的国王从远方赶来，卑躬屈膝地向图拉真表示臣服。以前行事谨慎的阴谋家沮丧地发现，自己再也不能用模棱两可的话来糊弄人了。远道而来的小国的国王得到许可，可以继续保留自己的领土。不过，在罗马军团行军的路上，多瑙河和莱茵河之间所有区域的国王均被废黜，他们的位置由罗马统治者取代。

与此同时，图拉真精心组织了邮政服务体系。通往罗马的大道上，马车和驿马载着信使和公文，接连不断地向罗马传递令人难以想象的战况消息。人们津津有味地听着这些兵不血刃的漫长征战消息。罗马元老院试图找一些能配得上图拉真伟大功勋的荣誉称号，却发现言辞匮乏。于是，元老们投票决定举行庄严仪式和感恩节日，并且称图拉真为"帕提亚征服者"，就像在达契亚战争后称他为"达西乌斯"一样。不过，在元老们选择的所有头衔中，图拉真最喜欢"擎天柱"[①]，因为它与罗马诸神中最有权势的朱庇特的名字有关联。与获得的荣耀相比，图拉真似乎更在乎自己的品格。

然而，无论是在国内还是在战场上，胜利的快乐都被一场大灾难无情地剥夺了。115年12月13日，罗马士兵冬歇时，一场可怕的大地震撼动了小亚细亚的许多城镇。在这场地震中，安条克受灾尤其严重，令图拉真的下属感到灰心丧气。安条克是一座美丽的城市，总是人山人海、川流不息，因为各地商人和水手都聚集在奥龙特斯河的港口。艺术、奢侈品和知识把时尚爱好者吸引到了伊皮芬尼大道。伊皮芬尼大道长达四英里，两边树立着宽敞的柱廊。当时，图拉真的出现带来了比平时更大的人流量。士兵、官员、法官、元老、游客及商

---

① 意即最好的。——原注

人都蜂拥而至。大街上，人们用东西方各国语言相互交流。因此，突如其来的大地震更致命，使各国民众都遭受了悲伤和丧亲之痛。从史书中，我们可以感受到地下传来的神秘轰隆声、大地震动声、房屋轰然倒塌声、屋内之人被埋进废墟的声音，以及少数幸存者被从废墟中救出的声音。后来，有一位作家通过想象描述了一位婴儿吮吸着死去母亲的冰冷乳房的场景，还有一位出手不凡的无名人士把图拉真从危险的地方喊到斗兽场的空地上，以及图拉真在空地上待了好几天，直到地震过去的故事。不过，这些描述并没有真正增强现实场景的恐怖性。

罗马士兵心中的忧郁和凄凉很快就被驱散了。116年春，图拉真率领大军越过底格里斯河，再次奔赴战场。事实上，在一个没有木材可以做木筏、对岸又有武装敌军的区域，横渡底格里斯河的急流并非易事。不过，整个冬季里，图拉真命人砍伐了河流上游森林的树木。造船工匠一直在紧锣密鼓地工作。他们把船的部件运到河边，组装起来，然后把组装好的船放进河道，让船顺流而下，漂到指定地点。随后，成群结队的战船突然出现在受惊的帕提亚人面前。成千上万名罗马士兵迅速冲上河岸，突破了帕提亚人的薄弱防线。对罗马士兵的强势推进，帕提亚人感到惊慌失措，加上因国内纷争而心烦意乱，帕提亚人不堪一击，再次面临为争取独立而战的情形。

罗马军团稳步向前推进，但此时的行军俨然是一场盛大的凯旋仪式。行进到亚述[①]首都尼尼微的遗址附近后，罗马军团穿过阿比拉战场。当年，亚历山大大帝率领的马其顿方阵正是在这里击败了波斯大军。在巴比伦，罗马军团见证了古时能工巧匠创造的奇迹。泰西封与帕提亚帝国国王的冬宫，以及邻近的塞琉西亚，都落入罗马帝国手中。塞琉西亚有一座高耸的皇家城堡，能大概展示出共和国时期的建筑风格。罗马军团并不满足于在亚述横扫千军，而是继续向苏萨城前进。途中，罗马军团俘虏了奥斯罗埃斯一世的女儿。帕提

---

① 亚述，公元前2500年到公元前612年两河流域的一个国家，鼎盛时期被称为亚述帝国。——译者注

尼尼微复原图

亚帝国国王的黄金王座被当作战利品送往罗马元老院。在图拉真的铁骑下，闻名遐迩的苏萨城消失了。图拉真追随着亚历山大大帝的脚步，渴望征服更多领土。图拉真尽管年事已高，但似乎依然有年轻人的冒险精神。据史书记载，在幼发拉底河登船，顺流而下，抵达河口，在岸上看到有商船驶往被称为"传奇与浪漫之都"的印度时，图拉真畅想还可以在没有听说过"罗马雄鹰"[①]的国家继续开疆拓土。

然而，图拉真的胜利生涯戛然而止。在生命的最后几个月里，他被失败和灾难的阴影笼罩。图拉真冒着风险在远方辗转征战时，新近被征服的国家再次武装起来。图拉真刚带罗马军团离开，亚述各城镇就起兵反攻罗马驻军。阿拉

图拉真与将士

---

① 罗马雄鹰，罗马帝国时期的重要标志，主要代表罗马军团。——译者注

帕尔塔马斯帕提斯

伯半岛和埃德萨也背叛了图拉真。昔兰尼加、埃及和塞浦路斯的犹太人对自己的罗马统治者勃然大怒,似乎是报复图密善很久以前在犹太行省犯下的暴行。一个被异族包围的民族爆发出来的狂热激情显然是毫无希望的,犹太人遭到了强大的武力镇压。为了加强对帕提亚人的控制,图拉真找了一个傀儡国王,即帕尔塔马斯帕提斯,还在泰西封举行了盛大的加冕仪式,但没有赋予他任何权力,也没有给予他武装力量以防止不甘屈服的帕提亚人反叛。图拉真手下的将领以不可思议的方式成功地向发生暴动的城市进军。图拉真则率军讨伐盘踞在南部沙漠地带的一支弱小势力。在这场战争中,图拉真展现出了过去所有的刚毅和勇敢,多次率领骑兵冲锋陷阵。然而,天气炎热、气候干旱和疾病破坏了他的所有努力,最终使他名誉扫地,健康受损。在虚弱的身体警告自己退位之前,图拉真没能重新收复失地。

图拉真再次提出要去惩罚迦勒底的叛乱分子,但身体日渐衰弱,不适合上战场。即使胜利的果实被席卷一空,图拉真也是时候离开为自己赢得荣耀的地方了。图拉真率军朝着家乡——意大利卡——行进,但身体太虚弱,不适合长途跋涉。做了将近二十年的皇帝,经历了六十多年跌宕起伏的人生后,117年8月,在西里西亚的塞利努斯,图拉真驾崩了。

罗马帝国有史以来最强大、最公正的统治者就此驾崩。只在最后一场战争中,人们才从他身上看到了傲慢自大的暴君形象。达契亚战争似乎是为保卫边境、惩罚傲慢的挑衅者而发动的必要战事。然而,在罗马士兵眼中,这本身就存在危险。因为经历了一个世纪的和平,罗马士兵满足于在自己的国土上安居乐业,逐渐失去了征战的动力和民族自尊。处理政务时,图拉真始终秉承谨慎小心、自我克制的作风。作为统治者,他摒弃了个人偏见和任性怀疑,以迅雷不及掩耳之势遏制各种不端行为,打击了官员爱管闲事的热情。日常生活中,图拉真温文尔雅、平易近人,不计较外在的地位形式。

偏爱挑刺揭短的卡西乌斯·狄奥说,图拉真很好色,喜欢酗酒,却从未因此犯过任何错误或做出伤害他人的事情。学识渊博的小普林尼为我们描绘了一幅图拉真与众不同的社交活动场景。参加完皇宫里举行了几天的会议,小普林尼讲述了自己在皇宫的所见所闻:吃穿用度都很简单;没有耗资巨大的娱乐表演;宾客很开心地在一起阅读公共书籍,随后讨论文学作品,愉快地交谈;活动一直持续到深夜。

作为中世纪罗马帝国伟人的象征,图拉真的英雄形象通过以其名字命名的伟大纪念碑而树立在民众心中。同时,艺术作品和诗歌也把图拉真讴歌为受不同宗教信仰者爱戴的正义形象。有关图拉真的伟大艺术作品对后人的想象力产生了深远的影响。在图拉真广场,有一座雕塑刻画的是大战在即,一个女人匍匐在图拉真脚下。她的姿态让人心生怜悯。于是便有了一则故事,说一个贫穷的寡妇来找图拉真,请求图拉真向杀死她儿子的士兵报仇。图拉真说:"等我回来再听你的诉求。"寡妇问:"如果您死了,谁来为我主持公道?"图拉真回答:"我的继承人。"寡妇说:"你的继承人?对,你有继承人。不过,他的行为对你毫无益处。好事当然要亲自做,这样才会好人有好报。"图拉真被寡妇恳切的言语打动了,耐心地听完整个案子,为寡妇做出公正的判决后才离

一个贫穷的寡妇请求图拉真为真为她的儿子报仇

开。这个故事出现在但丁·阿利吉耶里①的诗歌中,后来又出现在很多艺术作品中。直到现在,在威尼斯,我们依然可以看到类似的艺术作品。

　　后来,又有一个广泛流传的故事,讲的是教皇格列高利一世被图拉真的行为所打动,为这个在没有律法约束的前提下仍能以身作则的皇帝祈祷。就在当天晚上,格列高利一世在睡梦中看到了一个异象:图拉真的灵魂听到了祈祷,飞上天堂,加入了诸神的队伍。

---

① 但丁·阿利吉耶里(1265—1321),中世纪意大利著名诗人,欧洲文艺复兴时代的开拓者,代表作是《神曲》。——译者注

第3章

哈德良统治时期（从117年到138年）

精彩看点

哈德良的早年生活——哈德良突然即位导致谣言四起——哈德良的刚毅性格和严苛军纪——哈德良不断巡视各行省——哈德良在埃及——法律和司法领域的积极影响——哈德良厉行节俭——哈德良喜怒无常——安敦尼·庇护被指定为继承人——哈德良驾崩——哈德良的帝陵——132年的巴勒斯坦战争

讲完真诚、坦率的图拉真的生平事迹，我们再来看看他的继任者哈德良的生平。与图拉真不同，哈德良是多才多艺又备受争议的人物。不过，关于哈德良的生平，史书记载得非常少。获得皇位之前的四十年里，他那些微不足道的经历很快就可以讲完。我们先来看看哈德良的早年生活。

哈德良在罗马出生。他的家族来自罗马帝国北部的哈德里亚，家族成员曾在西班牙定居了几百年。因为父亲普布利乌斯·埃利乌斯·哈德里亚努斯·阿菲尔早逝，哈德良便由表叔图拉真抚养。几年后，哈德良在学业上取得了很大进步，得名"小希腊人"①。然而，哈德良偏爱打猎，最后到了不得不加以约束的程度。因此，图拉真将他送入军中，并且将他派往战场。涅尔瓦驾崩的消息传来时，哈德良正在日耳曼尼亚北部。尽管这里离图拉真所在的莱茵河营地甚远，但哈德良是第一个通知图拉真即位的人。哈德良虽然步行前往莱茵河营地，却仍然比姐夫②卢修斯·尤利乌斯·尤苏斯·塞维亚努斯派去的信使早见到图拉真，因为对方的马车在途中坏了。

卢修斯·尤利乌斯·尤苏斯·塞维亚努斯曾试图挑拨离间，把哈德良的债务状况和年轻时做的蠢事告诉了图拉真。然而，在宫廷中，哈德良拥有自己的

---

① 希腊人以博学多才著称。——原注
② 哈德良的姐姐保利娜嫁给了卢修斯·尤利乌斯·尤苏斯·塞维亚努斯。——译者注

维比娅·萨比娜

势力。在皇后庞培娅·普洛蒂娜的照顾下,哈德良娶了图拉真的甥孙女①维比娅·萨比娜,并且在第二次达契亚战争中获得了一个军团的指挥权。无论是在达契亚还是在潘诺尼亚和帕提亚,哈德良的英勇和自律都得到了众人的认可。宫廷里有权势的朋友开始向他靠拢,考虑推举他为皇位继承人。不过,哈德良既没有怂恿朋友们这样做,也没有恐吓对手,直到他在叙利亚行省担任指挥官时听说图拉真在弥留之际任命自己为继承人,以及随后皇位空出的消息。此事

---

① 维比娅·萨比娜的外祖母乌尔皮亚·马尔基亚娜是图拉真的姐姐,所以维比娅·萨比娜是图拉真的甥孙女。——译者注

发生得太突然，因此谣言四起。有谣言说，皇后庞培娅·普洛蒂娜丧失理智，深爱着哈德良，为他篡改了图拉真的遗嘱，甚至一度对图拉真驾崩的消息秘而不宣，还亲自给罗马元老院写信，指定哈德良为继承人。然而，在其他关于庞培娅·普洛蒂娜的故事中，她似乎是一位德容兼备的女性。此时的谣言或许是君主专制经常滋生宫廷丑闻的最好证明吧。

初登皇位时，哈德良既温和又谨慎。他给罗马元老院写信，充分表达自己对图拉真的恭孝和对法律法规的尊重，请求罗马元老院原谅士兵们未经批准就匆忙拥立自己为皇帝，还请求为先帝图拉真追封崇高的谥号。哈德良虔诚地瞻仰了图拉真的遗体，随后将其送到图拉真广场上著名的纪功柱里供奉。为了纪念图拉真的丰功伟绩，哈德良把图拉真的肖像挂在大街上，以示敬重。不过，哈德良并不想追随图拉真的脚步。他不喜欢战争，也没有扩张领土的野心。此时，每一条边境线上，敌对的民族都在武装自己。在遥远的不列颠尼亚①、东方、非洲及北方部族中，侵略或叛乱的谣言时不时传出。罗马帝国不缺乏战争时机，也不缺乏训练有素的军队。然而，哈德良不想被军功诱惑，始终主张和平政策。他立刻撤出了驻守在帕提亚的罗马军团，并且从底格里斯河以外的所有地区撤军。当时，没有任何西方殖民者宣称对底格里斯河拥有殖民权。在达契亚行省，情况则完全不同。多年来，殖民者在达契亚行省建立了家园，还建立了堡垒来保卫家园。因此，哈德良似乎不太想从特兰西瓦尼亚坚固的山间屏障中撤回军队，让达契亚行省自生自灭。据后来的史学家记载，图拉真昔日任命的将领对哈德良的决定表现出不满，说哈德良确实是故意不撤回达契亚行省驻军的。事实上，哈德良已经开始破坏多瑙河上的桥梁了。然而，不容忽视的是，罗马帝国的语言和艺术在北部边疆稳步推广。哈德良并没有放弃任何值得保留的东西。除此之外，在罗马帝国的其他地方，哈德良致力于恢复秩序，而不是发动战争。

---

① 不列颠尼亚，罗马帝国在大不列颠岛建立的一个行省，包括英格兰的大部分、威尔士及苏格兰南部的一小部分。——译者注

令人惊奇的是，哈德良不仅刚毅、勇敢，还能够像普通士兵一样，在行军途中忍受酷暑与辛劳。他总是小心翼翼地让军团保持一种前所未有的活力和效率，毫不留情地清除了过去的弊端，坚持过去的严苛军纪，并且不遗余力地清除营地的奢华布置。哈德良认为，即使在日耳曼尼亚，奢华生活也会影响士兵的男子汉气概和自制力。更严重的是，叙利亚行省受到了安条克的不良风气影响，从而使放荡不羁的风气向周围扩散。由于传承了古代将领的精神，所以无论是在阿尔卑斯山脉的雪地里，还是在非洲大陆的酷暑中，哈德良都不戴冠冕，走起路来虎虎生风，展示出超乎寻常的坚强意志。在经过的每个地方，他都仔细检查了堡垒、营地、商铺和军械库，几乎把每个军团的事迹，甚至普通士兵的名字都牢牢地记在了心里。

现在，在阿尔及利亚中心地带，我们仍然可以看到一个营地的堡垒，这里驻扎过一支保卫边疆的辅助部队。这支辅助部队曾经是文明进步的先驱。在拉百瑟斯营地中央，有一根柱子上面铭刻着哈德良向驻守在营地的士兵发表的演讲内容，详细记载了士兵们精忠报国的事迹。

经过训练和组织，罗马军团已经成为有进取心的领袖手中的强大武器。然而，哈德良只用这个武器镇压暴乱或防御外敌，从未有过侵略别国的意图。即使不列颠尼亚的南部会受到野蛮部族的侵扰，哈德良也没有发动任何征服战争，而是命人建立了一段绵延数英里的长城，以防御野蛮部族入侵。现在，在纽卡斯尔和卡莱尔之间，一些残垣断壁仍可见，证明了哈德良是多么认真地采取防御措施的。

对安逸生活的热爱并没有扼杀掉哈德良的雄心壮志。他没有静静地待在罗马享乐，而是一直奔波于各行省，轮流巡视。为纪念哈德良的功绩而铸造的钱币显示，在巡视途中，哈德良命人在自己的所经之地修建了庄严的纪念碑和公共工程。这些证据可以弥补对他了解不足的缺憾，因为历史学家的粗略记载未能告诉我们哈德良长期巡视的范围到底有多广，以及他为民众带来了哪些福祉。

哈德良长城修筑现场

一直以来，罗马帝国皇帝宣扬自己的统治是为了所有行省的利益，而不仅仅是罗马本身的利益。此时，终于有一位皇帝决心亲眼见证民众实现自己的愿望，为公共利益慷慨解囊，公正地革除旧时代的弊端，并且严厉惩处了软弱无能或不忠君爱国的官员。与这些宏伟目标相呼应的，是哈德良的八面玲珑和多才多艺。几乎没有人能像他一样，对巡视的所有地方的生活都产生了浓厚的兴趣。如果不做皇帝，哈德良可能会成为"令人钦佩的克莱顿[①]"。对自己所处时代的一切艺术和学问，哈德良都充满了强烈的好奇心。他记忆力超强，几乎可以过目不忘。哈德良还是诗人、几何学家、音乐家和演说家。他研究过自由主义文化的魅力和成就，了解每个民族的历史和天才人物，善于评价文学风格或艺术技巧，也能欣赏前人取得的成就。

在巡视途中，哈德良不只是古文物学家或艺术评论家，还在所到之处留下了永恒的功绩。他命人修缮桥梁、渡槽和剧场，建设新公共工程，清理市政账目，审查行省总督的任职情况，严格筛选和控制公共服务部门等。哈德良强调，国库储备是为了各行省的利益，而不是为了满足罗马的几位浪荡公子或闲散民众的个人需求。为了用引人注目的方式表明对所有臣民的平等关怀，哈德良愿意设立各种各样的地方官，由这些地方官履行在各地的行政职能。

巡视期间，哈德良几乎从不骄奢淫逸，耀武扬威。他身着军服，无论什么天气都不戴冠冕，总是步行或骑马走在卫队的前面，毫无怨言地和士兵同饮同食，并且一起忍受酷暑和疲惫。关于哈德良巡视的确切路线和顺序，尽管史书记载很少，但每片土地上都有记载着他精力充沛的巡视及各行省对他感恩戴德的铭文和石刻。

在不列颠尼亚、非洲和小亚细亚，哈德良也留下了自己的名号。不列颠尼亚边境不稳，受多方威胁。尼禄之后，再也没有罗马帝国皇帝到过不列颠尼亚。巡视不列颠尼亚后，哈德良计划对不列颠尼亚北部尚未被征服的部族采

[①] 克莱顿，指博学多才的人。——译者注

取长期防御措施。在非洲,哈德良抚慰了罗马军团镇压犹太人给当地居民造成的恐慌情绪。他的外交政策和开明态度驱散了聚集在幼发拉底河沿岸的战争阴云。当时,事态非常紧急。哈德良出面后,危机才解除。据说,在特洛伊平原上,哈德良以朝圣者的姿态环视周围,庄严地埋葬了自己在幻想中见到的大埃阿斯①的遗骸。西亚的大城市以让哈德良看到它们的财富、手工业和众多人口为荣。为了感激哈德良建立的丰功伟绩,西亚人用不同的辞藻和符号在勋章上记录了他的正义和对民众的关怀。

不过,哈德良在雅典最负盛名。因为他在雅典停留的时间最长。也可以说,他经常到雅典休憩,就像在自己最喜欢的家里一样。在这个希腊艺术的中心,他和士兵稍事休整,沉浸在这里的自由文化氛围中。哈德良会想象自己回到了希腊的黄金时代,主持公众比赛,见证文学界的壮举,修葺荒废的剧场和

哈德良时代的雅典

---

① 大埃阿斯,希腊神话中的一个人物,特洛伊战争中希腊军一方的英雄,因骁勇善战而闻名,但缺乏智谋,后来因争权失败而自杀。——译者注

神殿，要求民众接纳并视它们为民族信仰的圣地。在雅典，哈德良设立了一个新区，从此该城得名"哈德良"。他制定了一部可以与德拉古①和梭伦②的法典媲美的新法典，用它来统治凯法利尼亚岛。

凯法利尼亚岛享有很高的学术声誉，吸引了来自世界各地的学者，其公众学术地位众所周知。哈德良慷慨解囊，为凯法利尼亚岛源源不断地投入资金，

梭伦

---

① 德拉古，(前650—前600)，公元前7世纪雅典政治家和立法家，是第一个把雅典的法律编纂为成文法典的人。——译者注
② 梭伦(前630—前560)，古希腊政治改革家和诗人，也是古希腊"七贤"之一。——译者注

不遗余力地鼓励学术发展。讲授修辞学和哲学的学者，即所谓的智辩家，获得了哈德良的宠信，享有豁免权和丰厚的报酬，有时还会被擢升为地方官和高级指挥官。哈德良曾赐予一位学者大笔资金，用于美化一座城市。这位学者充分发挥天赋，为该城市增色不少。另一位学者发现，靠自己的学识所得，足以在饥荒时期养活同胞。还有一位作家，叫卢修斯·弗拉维乌斯·阿里安努斯。他是斯多葛学派[①]学者，被任命为罗马帝国最大行省卡帕多恰的总督。

在卡帕多恰，卢修斯·弗拉维乌斯·阿里安努斯效仿哈德良，从特拉佩祖斯[②]出发，开始了一段环绕黑海海岸的探索之旅。他参观了米利都旧殖民事业所在地，仔细研究了尚未被蛮族入侵和破坏的繁荣地区的贸易范围和通信设

探索之旅中的卢修斯·弗拉维乌斯·阿里安努斯

[①] 斯多葛学派，古希腊思想流派之一，流行于罗马帝国，公元前3世纪初由芝诺创立，以伦理学为重心，秉持泛神物质一元论。——译者注
[②] 特拉佩祖斯，特拉布宗的旧称。——原注

施。探险之旅结束后，卢修斯·弗拉维乌斯·阿里安努斯给哈德良写了一本意义非凡的回忆录。有趣的是，回忆录里汇集了当时地理学的所有知识。

还有一块古老的土地也对哈德良充满了诱惑力，那就是埃及。晚年，哈德良似乎在埃及停留了很长时间。他探索埃及艺术的奇迹，研究埃及人的天赋才能。毫无疑问，他好奇地注视过金字塔、狮身人面像。会唱歌的门农的雕像[①]脸上仍然可以看到粗犷的线条，昭示着维比娅·萨比娜皇后到过此处。在埃及，哈德良的奇思妙想被彻底唤醒。因为他想到了远古时代流传下来的神秘传说，想到了兼具超群智慧与愚昧无知的古埃及人，想到了民众对未知

会唱歌的门农的雕像

[①] 此处指古埃及第十八王朝的法老阿蒙霍特普三世的两尊巨大石像。人们认为这是希腊神话中的门农。罗马帝国时期，因地震而产生缝隙，风吹过时发出的声音像是在唱歌。——译者注

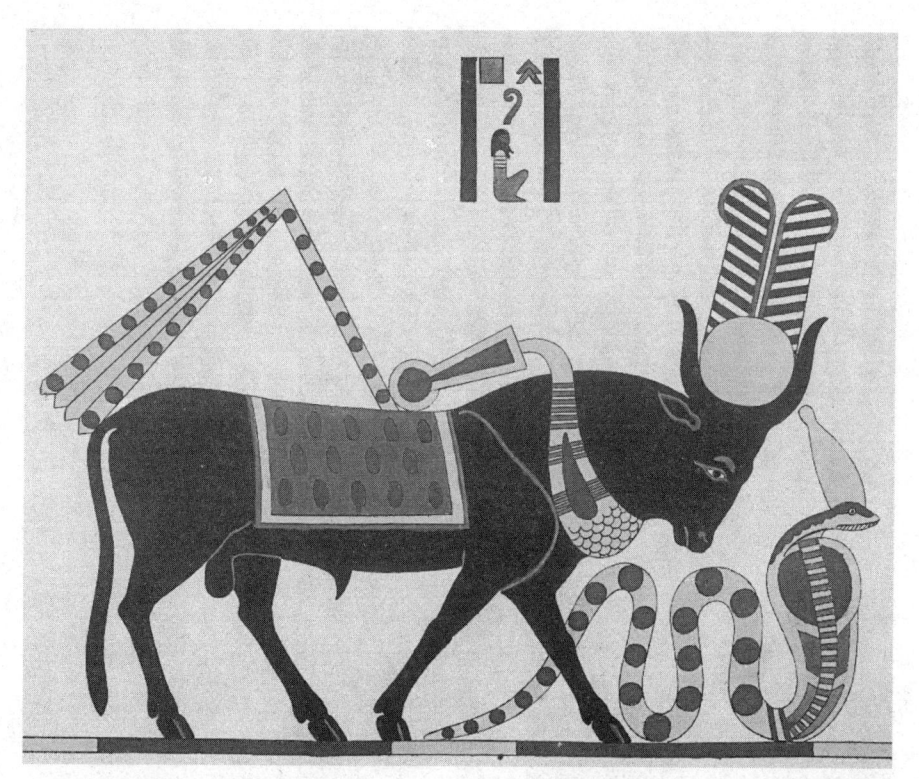

圣牛"阿匹斯"

世界和神的道德统治的坚信不疑,以及对动物的崇拜引发的致命纷争等。据说,哈德良统治末期,崇拜猫的埃及人和崇拜圣鹮的埃及人相互敌对,敌对城镇纷纷武装起来争夺饲养他人崇拜的圣牛"阿匹斯"的权利。哈德良非常欣赏托勒密大博物馆,认为它是艺术、文学和科学的宏伟中心,储存着几个世纪以来人类的智慧结晶和学术成果。在奇观层出不穷的亚历山大港,民众毫不逊色。

从一封哈德良写给姐夫卢修斯·尤利乌斯·尤苏斯·塞维亚努斯的信中,我们可以看到哈德良研究亚历山大港时的情绪变化。哈德良发现,该城到处是占卜师、星相家、庸医和塞拉皮斯①的崇拜者。这些人非常善变,可以从忠贞

---

① 塞拉皮斯,埃及神话中的死亡之神和康复之神。——译者注

玛门

不贰变得无法无天。他们本能上是很勤奋的，所以无法容忍任何懒惰行为。尽管各自崇拜的神互相对立，但他们都对玛门①充满敬意。

哈德良嘲弄埃及的奢华与浮夸，却因受某些埃及思想迷惑而逐渐失去了阳刚之气。据史书记载，巡视尼罗河时，哈德良沉溺于巫术，要献祭一个人。哈

① 玛门，希腊神话中的财神，在《圣经》中被形容为会引诱世人为财富杀戮的邪神。——译者注

德良的随行人员中，有一个异常俊美的比提亚牧羊人，叫安提诺乌斯。一种说法是，他愿意为哈德良的一时之乐献出自己的生命。另一种说法是，安提诺乌斯掉进河里溺死了。两种说法都认为，哈德良深爱着安提诺乌斯，沉痛地哀悼他。安提诺乌斯离世，对哈德良的打击非常大。哈德良虽然无法令安提诺乌斯复活，但可以赐予其前所未有的荣耀。哈德良下令，必须用安提诺乌斯的名字命名他去世的地方，并且在埋葬他的地方兴建一座城市。如果埃及有民众崇拜的守护神兽，安提诺乌斯也要享受同等待遇。哈德良命埃及人为安提诺乌斯

哈德良与安提诺乌斯

建造神殿，并且塑造雕像供世人祭拜，使其在埃及艺术史上占有一席之地。不久，新宗教活动超越了以前的特定范围。希腊各城市和东部殖民地都染上了这种奴性崇拜的狂热，为安提诺乌斯修建祭坛和神殿，设立纪念日，把他雕刻成古代神灵的模样。雕刻家不遗余力地用各种艺术手法奉承安提诺乌斯，以无数方式刻画他最美的形象。桂冠诗人①为他唱赞歌。行省铸币局将他的头像和名字印在钱币上。

哈德良统治时期，我们可能会看到一些具有世界性而非罗马式影响力的标志。这表明哈德良的兴趣是世界性的，而不仅仅局限于罗马。由于公开关心各行省的福祉，长期在各地巡视，以及对希腊人的同情和独特品位，哈德良实际上削弱了罗马作为古老帝国城市的吸引力，并且打击了罗马在世人心目中的优势地位。不过，哈德良对罗马并没有明显的怠慢行为。他一如既往地到各地巡视，并且储备足够的物资赐予罗马公民：公共粮仓堆满了粮食，马戏团里挤满了昂贵的动物，街上骄傲自大的穷人几乎没有什么可抱怨的。国家小心翼翼地守护着古老的以家庭为扩展模式的宗教形式，不让其受到更深层次恶性竞争的影响或者更令人兴奋的东方仪式的影响。哈德良身穿民族传统服装——长袍——走在大街上，并且要求元老们也这样打扮。因此，一段时间内，旧习俗恢复了。与此同时，各行省由于相继接受恩典，加上拥有公民身份的人逐年增加，所以几乎可以与罗马比肩。

随着各行省的独立，罗马及其语言的优势变得越来越弱。一般来说，历代皇帝都会尽力维护古代都城的特权。然而，哈德良给人的感觉是，他的统治是为了所有人的利益，不会区别对待民众。因为他一生都在各行省巡视，慷慨无私地满足各行省的需要，因此，各行省不再依靠罗马来确定基调和引领潮流。亚历山大港和安条克是繁荣的市场，也是各自独立的文化中心和商业中心。此外，希腊和其他古老城市一样，尽管已经衰落，但仍然恢复了对人们思想的理

---

① 桂冠诗人，是一种荣誉称号，也指在诗歌创作上有显著成就的人，一般由政府或评审机构正式任命，为特殊事件或重大场合作诗。——译者注

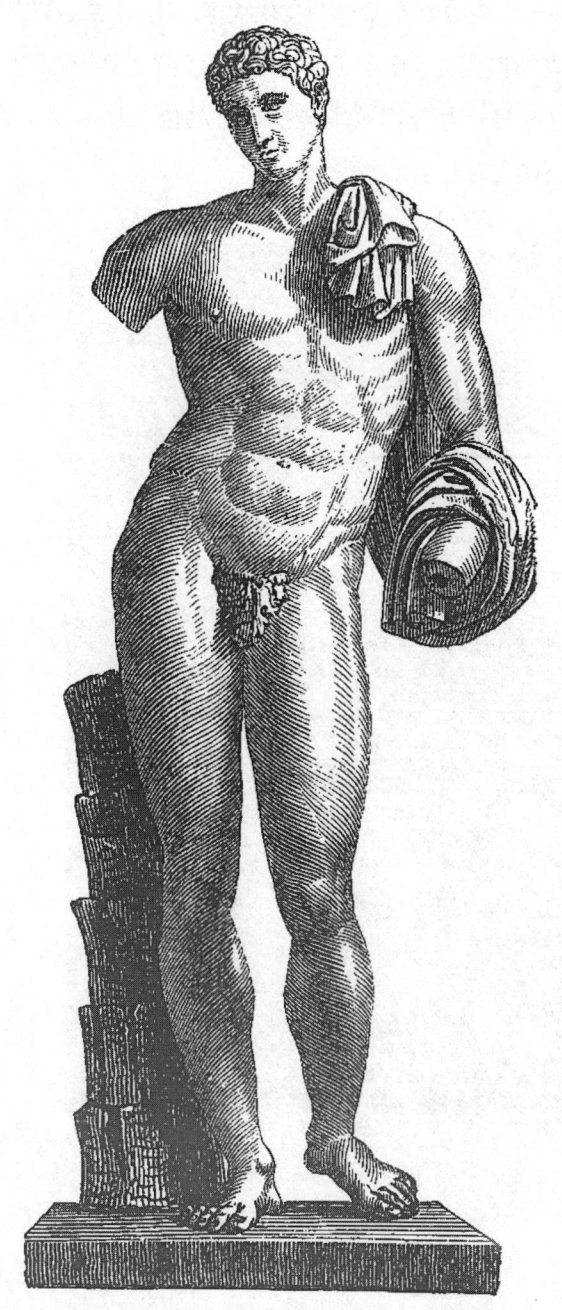

安提诺乌斯的雕像

性支配地位。各地学生蜂拥至希腊的文化大学。自此,希腊诗人、哲学家和演说家说的语言成为世界文学中不可取代的语言。西塞罗[1]和维吉尔[2]的演讲逐渐失去了纯洁性和号召力,似乎总是缺少时尚品位。此后,著名作家名册中再也没能出现一个伟人的名字。

西塞罗的演讲

---

[1] 西塞罗(前106—前43),罗马共和国晚期的政治家、哲学家、雄辩家、作家,曾担任执政官,被认为是古罗马最伟大的演说家。——译者注
[2] 维吉尔(前70—前19),古罗马著名诗人,代表作有《牧歌集》《农事诗》《埃涅阿斯纪》。——译者注

萨维乌斯·朱利亚努斯的雕像

在法律和司法领域，积极的影响日渐显现。长期以来，政治家们一直认为，在法庭能够公正地处理外国人的诉讼或完全不明确的新案件前，罗马律法的古老传统和形式需要以自由精神进行扩充。多年前，成文法不能满足诉讼要求时，罗马执政官发表了一份原则声明。不过，许多原则最初只有一年的约束力。这种制度虽然有些松散、模糊，并且个人臆断和随心所欲的空间比较大，但逐渐形成了一种相对公平的体制，一代代地传承下来。当时，著名的法学家萨维乌斯·朱利亚努斯筛选和调整了一些含混不清的条例原则，定名"哈德良的《永久法令》"，并且将其系统地保存下来。这是一种进步，是向后来的帝国法典迈出的一大步。在这部法典中，全世界的经验、希腊哲学与纯粹的罗马思想潮流交织在一起。哈德良之后，皇帝是唯一的立法者，因此法典是皇帝个人意志的体现。不过，在罗马元老院议事厅为皇帝提供咨询的杰出法学家们来自遥远国度，以多种形式反映了普遍存在的正义感。

从现存史料中，我们只能看到哈德良性格的优点。和平时期，哈德良几乎从未间断组织和训练军队。他治军严明，对军队的影响在其驾崩后多年仍然存在。他会通过私下交流而非正式会谈研究各国政府的问题。在处理周边部族的问题上，哈德良秉持公平、公正的原则，把罗马统治的强硬铁腕与希腊文化的优雅有机地结合起来。这种做法也许是从奥古斯都的古老传统中借鉴来的，但只有具有非凡灵活性和能力的人才有可能做到。与要实现的宏伟蓝图相比，哈德良拥有的资源非常有限。因此，他效仿历史上最聪明的罗马帝国皇帝图拉真的做法，采取了既开明又节俭的政策。

执政第一年，哈德良免除了民众欠国库多达九亿塞斯特斯①的国债，在图拉真广场当众焚毁债券，以示对图拉真的纪念。后来，哈德良出资捐助为抚养贫困儿童而成立的慈善机构。有史书记载，为纪念哈德良的慷慨捐助，罗马人为他铸

哈德良执政期间发行的钱币，钱币上的头像是哈德良

① 塞斯特斯，古代罗马的钱币。——原注

造了七个代表不同功勋的勋章。在这个幅员辽阔的帝国里,因火灾、瘟疫和地震而生计困难的民众得到了及时的援助。为了满足这些需求,也为了维持军队和政府官员的支出,哈德良意识到厉行节俭并保持良好的财政状况的必要性。像一个训练有素的会计师一样,他修改了罗马帝国的预算,把细节牢牢记在脑中,既不浪费也不私吞。节约是哈德良治国理政的铁律。他没有贪得无厌的宠臣,也没有盗用国库中饱私囊的贪官污吏。宴席承办商们甚至发现,他们必须小心谨慎,因为在国宴上,哈德良有时会派人去品尝为最卑微的客人准备的菜肴。

哈德良才华横溢,统治政策始终如一。然而,据说哈德良的优良品质受到了自己阴郁情绪的影响。民间有许多关于哈德良喜怒无常的传说,他的真实性格就像传说中的普洛透斯[①]一样。他似乎是通过某种无法解释的幻想,把从最

普洛透斯

[①] 普洛透斯,希腊神话中的一位海神,有预知未来的能力。——译者注

光明到最黑暗的情绪一一呈现在了世人面前。据史书记载,哈德良掌权后做的第一件事就是与一个宿敌谈话。哈德良对宿敌说:"现在,你安全了。"就像是哈德良再也不能屈尊与人争吵似的。哈德良生性多疑,没有听从友人的劝告,除去自己前进道路上的三个危险对手。然而,不久后,令罗马人感到惊恐的是,在没有经过任何法律形式审判的情况下,图拉真统治时期最杰出的将领——"阿拉伯征服者"奥鲁斯·科尔内留斯·帕尔马·弗龙托尼阿努斯和当时最有能力的士兵卢西乌斯·奎耶塔斯,以及其他哈德良认为具有潜在威胁的人,被以谋害皇帝的叛国罪悄无声息地处决了。帮助图拉真赢得征服战争,却要屈从于他的继任者哈德良,这令将士们深恶痛绝。他们鄙视这位才华横溢的皇帝,因为当时哈德良的伟大品质尚不为人所知。据说,将士们与罗马的不满分子有共同的目标,一起谋划了一场大阴谋。当时,哈德良尚在达契亚,但很快便匆匆赶回了罗马,并且似乎有充分的理由把已经发生的谋害归罪于禁卫军和罗马元老院。哈德良承诺,除了皇帝的判决,任何人不得追究元老的责任。一直以来,哈德良都信守承诺,直到最后失去理智为止。多年以后,哈德良凶残的本性爆发了。当年老体衰和病痛折磨将自己压垮,当自己逐渐失去对权力的掌控时,出于对遭到背叛的恐惧,哈德良严厉打击了亲朋好友、帮助自己登上皇位的人及毕生对自己忠贞不贰的人。

  据后来的编年史记载,哈德良的个人习惯充满了惊人的矛盾。他能够与各阶层的罗马公民打成一片,毫无皇帝的架子。然而,他又是第一个雇佣骑士[①]担任宫廷中各种卑贱职务的皇帝。此前,这些职务都由自由民担任。在人生最后几年,哈德良再也不愿听到任何与叛国罪有关的事情,要求法院不得徇私枉法。他还组织了一种新型搜查模式的情报系统,阅读官员与友人往来的信,甚至不时地用官员妻子的责备语句来戏弄官员,而这些语句仅适用于夫妻之间。哈德良热爱艺术和文学,喜欢与认真研究艺术和文学的人在一起。然而,

---

① 这里的骑士是指罗马骑士阶层,与欧洲中世纪的骑士阶层不是一个概念。罗马骑士阶层是古罗马两个上层阶层中较低等的一个阶层,仅次于元老阶。——译者注

这些人认为,对任何假想的竞争,哈德良都会心生不快,充满嫉妒和不合时宜的怨恨。

在哈德良希望大放异彩的地方,别人如果太过耀眼是很危险的,并且哈德良对所有艺术领域了若指掌。有一次,有人问法沃里努斯①,在一个关于语法问题的争论中,为什么他的观点明明是对的,他却轻易做出让步了呢?法沃里努斯的回答很有道理:"质疑三十个军团统帅的学识并非明智之举。"招致哈德良嫉妒的知名教授发现自己的学生被抢走了,并且与他们观点相悖的人开始挑衅他们并取代他们的地位。伟大建筑师大马士革的阿波罗多罗斯更不幸。很久以前,当着图拉真的面,哈德良对大马士革的阿波罗多罗斯的设计提出了批评意见,还让大马士革的阿波罗多罗斯照他的意见修改即可,不要做什么设计。这件事令大马士革的阿波罗多罗斯非常反感。多年以后,哈德良把自己建造阿佛洛狄忒神殿的设计手稿寄给大马士革的阿波罗多罗斯时,得到的评价极低:"女神的雕像过于巨大,她在自己家里都直不起身来。"这种侮辱性评价令哈德良恼羞成怒。据史书记载,大马士革的阿波罗多罗斯为自己尖锐的评价付出了生命代价。

对永垂不朽者的荣耀,哈德良也心生嫉妒。他假装喜欢老加图②胜过西塞罗,喜欢昆图斯·恩纽斯③胜过维吉尔,喜欢名不见经传的安提马科斯④胜过荷马。据说,哈德良嫉妒图拉真的威望,所以把自己最不得民心的施政措施归咎于图拉真的秘密忠告。为了婉转地贬低图拉真,哈德良不愿把自己的名字刻在图拉真建造的任何公共建筑上,却允许大约二十个城市争夺以自己的名字命名的机会。

哈德良的政策有一个显著特点,即注重与周边民族首领保持良好关系,并

---

① 法沃里努斯,2世纪罗马帝国著名的哲学家与雄辩家。——译者注
② 老加图(前234—前149),罗马共和国时期的政治家、演说家,曾任执政官、监察官。——译者注
③ 昆图斯·恩纽斯(前239—前169),罗马共和国时期的诗人、剧作家,被誉为古罗马文学的奠基人。——译者注
④ 安提马科斯,古希腊诗人、学者,活动时间是公元前4世纪左右。——译者注

老加图

维吉尔

荷马

且用奢华的礼物赢得他们的好感。这可能是罗马帝国后来的统治者向蛮族进献礼物的一个危险先例。有一次,哈德良在罗马以隆重的仪式接待一位蛮族首领,却对蛮族首领送给自己的民族服装——长袍——不屑一顾,认为他的着装与自己派去斗兽场当角斗士的三百名罪犯的打扮一样。

有时,哈德良喜怒无常。对朋友,他彬彬有礼,和蔼可亲,随时赐予他们想要的恩惠。然而,哈德良并不排斥伤害友人的流言蜚语。即使是最受宠的人,也没有几个能逃脱蒙受羞辱的命运。哈德良精明、头脑冷静,但相信巫术、魔法和占星术。在竭力保持古老民族信仰纯洁性的同时,他却让臣民把他晚年的同性情人安提诺乌斯奉为圣人。总结了哈德良喜怒无常的性情和阴晴不定的情绪后,一位年迈的史学家说道:"哈德良性格多变,时而一丝不苟,时而漫不经心;时而彬彬有礼,时而声色俱厉;时而慷慨解囊,时而躬行节俭;时而胸怀

斗兽场上的角斗士

坦荡,时而假仁假义;时而谨言慎行,时而荒淫放荡。"在古代史学家的笔下,哈德良自相矛盾的多面性情集早期所有统治者独有的优良品质和严重缺陷于一身。不过,我们有恰当理由怀疑这些来源可疑的记载的可信度。就像年代久远的低劣传记和概述让人不得不怀疑其真实性一样,这些记载的致命缺点是缺乏判断、轻信谣言。

哈德良对罗马没有什么好感。与在古老的时尚与权力之都相比,他觉得在学术氛围浓厚的雅典或军营里更顺心顺意。在罗马,游手好闲的贵族总是乐此不疲地重复和渲染毫无事实根据的恶毒故事。在文坛,围绕在哈德良周围的敏感嫉妒之士随时准备反驳他的草率言论,认为他没有认可他们的优点,或者用恶毒的警句挖苦他令人遗憾的品位。哈德良是一位遣词造句的高手,经常妙语连珠。曾经,一位醉醺醺的诗人以诙谐的语调写道:"我不愿成为在不列颠荒野流浪的皇帝,承受着斯基提亚的霜冻。"哈德良用同样的语调说道:"我不想成为在旅馆里闲逛的卢修斯·安内乌斯·弗洛鲁斯,厮混于酒馆之间。"对小人物的虚荣心和文学上的争论,哈德良很可能表现出了不耐烦,或者以此为乐而很少顾及是否伤害了对方的自尊心。然而,如果不看文字记录只看事实,我们就会发现,几乎没有明确的证据能证明哈德良作为皇帝品行不端。哈德良是一位开明的艺术赞助人,慷慨解囊,培养知识分子,提拔他注意到的、知道如何将自己的才能转化为实际价值的学者,让他们有机会学以致用。例如,萨维乌斯·朱利亚努斯可能就是在哈德良的指点下开始编制衡平法①的。卢修斯·弗拉维乌斯·阿里安努斯也可能是在哈德良的敦促下制定战略,探索了尤克森的堡垒。或许大马士革的阿波罗多罗斯也是在哈德良的授意下编纂了兵器论著。这本兵器论著的前言是大马士革的阿波罗多罗斯在流放期间撰写的,但丝毫没有流露出作者饱受冤屈的不满与怨恨情绪。如果说有例外,那就是在临死前的极度痛苦中,哈德良失去了理智。除此之外,没有任何明显的冷酷残忍

---

① 衡平法,是与成文法、判例法并行的一系列法律原则,适用于民事案件,形式比成文法和判例法灵活。——译者注

的事例可以玷污哈德良在人们心中的形象。我们有足够的证据证明哈德良的伟大，那就是一些重要文件和哈德良驾崩后留存于世的著作。罗马帝国辽阔的土地上留下了哈德良精力充沛的不朽印记。哈德良统治时期的罗马军团虽然总是忙于训练，但仍然保持着良好的状态。他对罗马军团的巨大影响持续了几个世纪之久。在未设防的边界，哈德良命人筑起了堡垒和城墙。他重组了内政部门，并因此获得了足够的闲暇时间。他还得到了广大文人的认可，欣赏和引领了那个时代的所有高雅文化。

从哈德良晚年在蒂沃利为自己规划的别墅和花园的布局中，我们也许可以发现其兴趣广泛的某些象征。晚年，哈德良体力不济，再也不能巡游世界了。因此，他想用雕像的形式把每个部族的天才和每片土地上的历史丰碑都聚集到自己周围。按照哈德良的要求，艺术家们带着工具到各地，用大理石和青铜再现了他一生的记忆和各个时代的优秀作品。广阔的天空下，一座巨大的博物馆矗立着，周围有一道十英里左右的环形围栏。在博物馆，人们听到了很多历史悠久的名字，但令人惊奇的是，为了迎合哈德良的品位，各种各样的艺术作品和各个时代的思想相互交融在了一起。公园里和林荫大道上，雕像随处可见，好像是菲迪亚斯①、波吕克勒托斯及许多其他著名艺术家刚刚完成的作品。

在一所为纪念柏拉图修建的学院里，有专门供学者与其竞争者演讲的礼堂，有以斯多葛学派学说命名的门廊，还有雅典人生活的中心——城市公共会堂或市政厅。不远处的景观模仿的是坦佩清凉的隐居地。附近山谷的水流让参观者产生了一种被带到克诺珀斯的塞拉皮斯神殿的感觉。不满足于已知的事实，哈德良还为未知世界的朦胧形态预留了空间。冥界的主题设计主要借用了诗人的想象，或者取自厄琉息斯神话中的戏剧形式。这些景象的自由组合，给人一种兼收并蓄的感觉。希腊、埃及和小亚细亚的艺术形式全部展现在这位懂得欣赏美好事物的鉴赏家面前。

---

① 菲迪亚斯（前480—前430），古希腊雕刻家、画家、建筑家，被誉为最伟大的古典雕刻家。——译者注

现在，哈德良规划的花园已经变成一片废墟，到处是残留的怪异景象。不过，废墟中仍然会开满美丽的花朵，装点着哈德良统治时期人们幻想中的仙境。在漫长的岁月里，这座花园一直是好奇者探索的宝库。欧洲美术馆中，许多青铜器、大理石和镶嵌艺术展品都源于哈德良用来展示文明进步历史全景的装饰品和技术。在众多雕像中，最引人注目的是各种造型的安提诺乌斯像。因为它们展示了当时流行的理想艺术方法及留存至今的创造力，也因为没有比一位皇帝迷恋比提亚牧羊人更有价值的雕塑题材了。

135年，哈德良的精神日渐萎靡。他得了绝症，将不久于人世。备受病痛折磨时，他感觉是时候考虑选择继承人了。然而，一开始，哈德良无法容忍有人将要接替自己位置的想法。对法定继承人或受民众爱戴的候选人来说，哈德良的嫉妒心是致命的。一段时间后，哈德良选中了才华横溢、举止优雅、风度翩翩的卢修斯·埃利乌斯。不过，有人认为卢修斯·埃利乌斯是一个放荡、自私的

卢修斯·埃利乌斯

纨绔子弟，毫无哈德良壮年时的男子汉气概。除了哈德良，很少有人能看出卢修斯·埃利乌斯有什么优点。民众觉得这个世界可不能再出现一个尼禄了。不久后，哈德良发现，用他自己的话来说，"我靠着的是一堵几近崩塌的墙"。此外，对国库来说，任命皇位继承人时向士兵捐赠的大笔款项纯粹是一种损失。138年，卢修斯·埃利乌斯的健康状况迅速恶化，甚至没有力气去罗马元老院发表演说。他服用了刺激神经的药剂，但由于药效过猛，所以还没来得及登上皇位，他就去世了。

之后，令人尴尬的选择再次出现了。不过，这次选择是令人愉快的。据史书记载，有一天，哈德良的目光落在了用强壮手臂搀扶年迈体弱的岳父马库斯·安尼乌斯·韦鲁斯走进罗马元老院的安敦尼·庇护的身上。安敦尼·庇护曾在皇帝的议事厅里任职，总是为弱者争取利益，获得了众多荣誉，所以轻松通

马库斯·安尼乌斯·韦鲁斯

安敦尼·庇护

过了罗马元老院的审查。所有人都认为安敦尼·庇护是最好的皇位继承人选。安敦尼·庇护即位时,人们都高兴地欢呼起来。正式的收养手续完成后,人们怀着轻松的心情等待哈德良的生命走到尽头。

哈德良的健康状态迅速恶化。疾病缠身令他痛苦不堪,最后使他完全失去理智,陷入间歇性的狂乱情绪中。此时,哈德良变得狂妄猜疑,嗜杀成性。他曾试图通过魔法和符咒来获得解脱。在极度绝望中,他决定结束生命。然而,医师不肯给他见血封喉的毒药。一想到要结束哈德良的生命,仆人们就吓得瑟瑟发抖。他们从哈德良手中偷走了他用来自杀的匕首。哈德良徒劳地恳求仆人帮他结束痛苦。安敦尼·庇护孝顺地守护在床边,一直握着哈德良那只举起来要打向他自己的手,因为所有可能被哈德良用来自杀的物品都被藏起来了。哈德良噩梦不断,总是梦到自己刚刚杀死的卢修斯·尤利乌斯·尤苏斯·塞维亚努斯。卢修斯·尤利乌斯·尤苏斯·塞维亚努斯的遗言一直煎熬着哈德良的心:"我死得太冤枉了,愿神让哈德良求生不得,求死不能。"偶尔神志清醒时,哈德良不再关注死亡,而是把思绪放在自己最喜欢的、位于蒂沃利家中的花园上。即使在驾崩前,他仍能感受到自己作为诗人对优美词句的热爱。他用诗歌描写了自己苍白、冷淡、坦率的灵魂即将走向毫无欢乐的未知世界的过程。这些诗句留存至今,内容如下:

小小灵魂,
迷人的小流浪者,
我肉体的嘉宾与伴侣,
你现在要去哪里?
没有色彩的地方,
野蛮而荒芜,
再也不能随意玩闹了。

最终,哈德良在巴亚驾崩。其尸身并没有被运回罗马,因为罗马民众早已厌倦了这位统治者。他们忘记了哈德良早年的公平正义和宏伟的帝国目标,无法摆脱他驾崩时的残忍、疯狂带来的恐惧阴影。元老们甚至打算禁止民众参加任何纪念哈德良的活动,取消他通过的法案,并且拒绝给他追封神圣的荣誉称号。然而,元老们曾经轻而易举地把荣誉称号赐给那些贡献远不如哈德良的人。不过,元老们最终还是心不甘情不愿地屈服于安敦尼·庇护的坚定意见,从官方层面给过去几个月发生的事蒙上了一块遮羞布。元老们之所以这么做,部

卡利古拉

分是因为他们听到有传言说被哈德良迫害致死的人尚在人世,但更多是出于对新皇帝安敦尼·庇护的尊重。这是一种普遍的反常现象呢,还是起决定性作用的大众妥协心态呢?无论怎么说,正是出于这种妥协心态,罗马公民才容忍了罗马帝国第三任皇帝卡利古拉,为尼禄感到遗憾。难道罗马公民就不能宽恕这位统治罗马二十一年、给世界带来公平与正义的皇帝驾崩前的病态暴行吗?

哈德良虽然对凯旋仪式等荣誉不感兴趣,但希望死后能得到皇室的庇护。奥古斯都的帝陵已经满了。因此,哈德良决心为自己和后任们建造一方安息之地。在战神广场附近,一座雄伟的大桥横跨台伯河两岸。桥的两边分别矗立着一排雕像。该桥通往存放哈德良骨灰的巨塔。站在巨塔上,可以俯瞰下面的雕像群。它们栩栩如生,令后世的游客惊叹不已。巨塔里有一个墓室。壁龛中放着一个盛满哈德良所有恋人骨灰的大瓮。巨塔由砖石砌成,几乎和埃及的巨型柱一样坚固,与此处的桥一样久经风霜,至今仍屹立在废墟中。在将近一个世纪的时间里,巨塔只用来安放皇帝的骨灰。之后,巨塔一度被当作堡垒、教皇官邸和监狱。哥特人进攻罗马时,战争的浪潮席卷了哈德良的帝陵。在走投无路的情况下,被困者把用作装饰的雕像从基座上拽下来,砸向桥下的哥特人。几个世纪后,人们在废墟中发现了几个近乎完好的雕像。现在,它们仍然被

哈德良的帝陵

天使米迦勒

保存在欧洲的几大美术馆中。很多艺术作品和带有华丽大理石门边的铜门一起消失了。多年来，除了用天使米迦勒的雕像取代哈德良的凯旋雕像，修复工作基本没有取得任何进展。一位教皇曾在幻象中看到米迦勒插剑入鞘，预示着瘟疫即将结束。此后，该塔被称为"圣天使堡"。

哈德良统治时期，还有一件大事，那就是132年爆发的巴尔·科赫巴起义。在哈德良统治时期，他一直采取和平政策。因此，有一代人几乎从未尝过战争的滋味。只有犹太人不肯安于现状，在激烈的反抗中再次崛起。犹太人的民族希望似乎被图密善的铁腕镇压永远粉碎了。图拉真的部将无情地浇灭了犹太人在非洲和塞浦路斯重新爆发的复仇烈焰。犹太行省见证了罗马军团的铁腕力量。每块土地上的流浪者都深知罗马帝国有多么强大，有多么坚不可摧。然而，奇怪的是，犹太人再次对自己的主人勃然大怒，既不绝望也不屈服。他们无法容忍殖民者在圣城的废墟中安家置业，无法容忍异教徒的宗教建筑建在他们充满神圣记忆的地方，更无法容忍古老的耶路撒冷被由罗马帝国皇帝和罗马主神分别指定一个词组成的乱七八糟的拉丁名字爱利亚加比多连取代。他们压着怒火，直到哈德良无暇顾及耶路撒冷，大批部队才重新点燃战火。随后，战火迅速蔓延到整个犹太行省。犹太人等待已久的救星、未来的救世主弥赛亚终于出现了。他自称是"星之子"巴尔·科赫巴。犹太人热切地聚拢在巴尔·科赫巴的旗帜周围。伟大的犹太教圣人阿基瓦也对巴尔·科赫巴表达了敬意。因为军队需要武器，犹太铁匠为罗马士兵制作武器时故意做成残次品。只有这样，他们才有可能把罗马士兵丢弃的武器据为己有。

很快，犹太人重新修筑起已经拆除的堡垒，并且修复了被图密善毁坏的城墙，在要塞下面修建了可以供军队随意进出的秘密通道和走廊。他们不愿在战场上与罗马军团正面交锋，而是试图用游击战分散罗马军团的力量。起初并不受重视的起义，不久就发展到需要罗马帝国最好的将军和铁的纪律来应对的程度。塞克斯特斯·尤利乌斯·塞维鲁被从遥远的不列颠尼亚征调过来，把犹太人赶到海湾，用锐不可当之势击溃了犹太人的武装力量。犹太人顽强地保卫自己的据点。然而，这些据点还是一个接一个地被攻陷了。最后，凶猛的狂热分子在比特山陷入绝望，在饥荒的关头缴械投降。付出巨大代价后，巴尔·科赫巴起义被镇压了。即使是向来模棱两可的官方公报，也一反常态地宣布罗马军团损失惨重。

犹太人的圣城耶路撒冷被扫荡一空。关于当地的记忆也都被抹去了。新移

哈德良镇压巴尔·科赫巴起义，并且驱逐犹太人

民者取代了以前的居民；圣殿①旧址树立起一座哈德良的雕像。这个基督教朝圣者钟爱的地方被一座仅仅是为了一己之私而建造的雕像玷污了，从此远离了人们的视线。犹太人再也不能在这座祖辈定居的古城里闲庭信步了。每年，他们仅有一次机会，即圣殿被摧毁的周年纪念日，才能在这片神圣的区域停留片刻，亲吻他们敬仰的土地，为这片废墟上毫无希望的荒凉而哀悼。哲罗姆②说，即使是这一点权利，也让犹太人付出了惨痛的代价。他们付出了屈辱的泪水，就像从前耶稣用自己的血为代价一样。

---

① 圣殿，指第二圣殿，是犹太人最高级的祭祀场所，公元前515年建成，公元70年由于犹太人反抗罗马帝国暴政，耶路撒冷遭到罗马军团的围攻，第二圣殿被焚毁，仅剩一道围墙，即今天著名的"哭墙"。——译者注
② 哲罗姆（约340—420），早期西方教会中学识最渊博的教父。——译者注

第4章

安敦尼·庇护统治时期(从138年到161年)

精彩看点

"庇护"这一头衔的由来——安敦尼·庇护善良但不软弱——安敦尼·庇护通过外交手段维持罗马帝国的影响力——安敦尼·庇护在洛里姆的休闲生活——安敦尼·庇护性情温和——马可·奥勒留被选为继承人——安敦尼·庇护驾崩

一位古代作家曾两次将安敦尼·庇护与传奇人物努马·彭庇里乌①做比较。后者的统治出现在罗马历史早期的浪漫主义时代，即和平与平等的黄金时代。当时，人们就像生活在古老、梦幻的天堂里一样，没有什么令人激动的冒险活动。现在看来，那个时代的人似乎生活得过于幸福。因此，他们似乎既不在乎如何创造历史，也不在乎如何书写历史。安敦尼·庇护既不像图拉真一样以行军打仗为乐，为自己在战场上的骁勇善战而自豪，也不像哈德良一样头脑灵活、多才多艺，总想亲自游遍名川大山，尝遍人间疾苦。作为皇帝，安敦尼·庇护的生活没有多少激情可言，甚至可以说非常平淡。安敦尼·庇护统治时期，令人厌倦的歌功颂德拉上了帷幕。安敦尼·庇护没有举行凯旋仪式，也没有表现出雄心壮志，而是满足于让民众安居乐业。为了描述他的功绩，罗马民众为他加上了一个头衔——"庇护"。这个头衔与维吉尔史诗中的英雄同名，但含义也许会有所不同。罗马民众虔诚地用"庇护"表达新皇帝的正直、善良和友爱，因为新皇帝没有对他们提出任何额外要求，也没有要求他们做好自己的本分。罗马民众用"庇护"表达对未知世界和奉献精神的敬仰之情。同时，他们

---

① 努马·彭庇里乌（前753—前673），罗马王国第二任国王，极富传奇色彩。罗马许多重要宗教和政治制度都与他有关，如罗马历法的建立，以及对雅努斯、朱庇特和罗慕路斯的信仰等。——译者注

用"庇护"形容新皇帝犹如兄弟、孩子或朋友般心平气和、虚怀若谷的美德。

"庇护"这个头衔能非常贴切地形容他对病重的哈德良的体贴入微。他曾设法阻止哈德良为缩短痛苦历程而自杀，也曾宽慰哈德良不要因伤害过无辜之人而觉得德行有亏。哈德良终于解脱后，安敦尼·庇护还是不肯休息，直到从心不甘情不愿的元老那里争取到追封哈德良神圣的荣誉称号才肯罢休。

安敦尼·庇护的温和性格还表现在，他似乎给予了许多亲属同样的关爱，以优惠的条件向朋友和邻居提供贷款，对所有人彬彬有礼。一个如此和蔼可亲的人，不可能对图拉真设立的贫困儿童慈善基金漠不关心。事实的确如此。安敦尼·庇护不仅扩大了资助范围，还用大福斯蒂娜皇后的名字来给他资助长大的姑娘们起名。

大福斯蒂娜

钱币上的安敦尼·庇护

　　安敦尼·庇护虽然天性非常善良，但既不软弱无能，也不骄奢淫逸。他的家仆也是宫廷的官员，也许想通过他的恩宠谋私利，却惊奇地发现这并不是发家致富的捷径。为安敦尼·庇护服务获得的报酬、额外津贴和收受他人贿赂并不足以让他们锦衣玉食。他们的主人广开言路，但不会专宠某些人。对闲散的肥差，安敦尼·庇护深恶痛绝，认为这是在残酷地剥削民众。与以前的皇帝不同，安敦尼·庇护并未利用恩惠来赢得更多追随者的效忠。为了满足统治阶层的野心，共和国时期的政府职位更替速度非常快。为了满足宠臣的虚荣心，前几任皇帝虽然会赐予宠臣几个月没有实权的职位，但很少让他们长期担任拥有实权的行省总督。

　　安敦尼·庇护不喜欢改变。他留用了哈德良任命的官员，也很少替换证明自己有能力的官员。他这么做，主要是考虑民众利益。他曾严厉要求随从说明他们有无搜刮民脂民膏、压迫和盘剥民众的情况。他努力减轻赋税，甚至不愿到他国巡视，因为他担心对他乘坐马车经过的国家来说，接待他可能是一种负担。然而，外省民众虽然从未见过安敦尼·庇护，但能感受到他的关怀：他愿意听取每个代表团的意见，耐心倾听所有援助或补偿申请；他似乎不仅熟悉各乡镇民众的生活方式，还熟知各乡镇的主要开支情况。如果有火灾或地震给民众造成严重损失，安敦尼·庇护会立即表示哀悼，并且援助受灾民众。他从不炫耀自己慷慨大方，因为他知道，想要自由地施惠于人，就必须拥有从其他人那里获取的大量财富。在当时的帝国预算中，安敦尼·庇护没有多大的个人享乐空间。实际上，在早些时候，他确实欣然接受了珍视他孝心的亲戚馈赠给自己的遗产。然而，即位后，除没有子嗣的人之外，安敦尼·庇护拒绝接受任何人的遗赠。同时，他会阻止以他的名义对他的法定继承人发泄不满的人的病态冲动。这样一来，财务官和告密者揭发他人罪行的热忱逐渐消退。人们也很少听到叛国罪这个可怕的字眼。史书中有这样一段记载：当时，各行省面积辽阔，繁荣昌盛，对皇帝的和平国策感到心满意足。安敦尼·庇护不贪图军功，很喜欢大西庇阿[①]说过的一句话："为了拯救一个同胞，可以放弃杀死一千名敌军。"

大西庇阿

[①] 大西庇阿（前235—前183），古罗马将领、政治家，其最著名的战绩是在扎马战役中击败了迦太基将领汉尼拔，获得"非洲征服者"的头衔。——译者注

然而，安敦尼·庇护的统治并不像传说中的努马·彭庇里乌时代那样平安无事。大约139年，罗马帝国与摩尔人和达契亚人的战争爆发。140年到145年，罗马帝国与布里甘特人①爆发了战争。

摩尔人、布里甘特人、莱茵河和多瑙河流域的达契亚人总想挑起争端。这赋予了罗马将领必要的作战经验和耐心。犹太人又向罗马军团发泄了毫无益处的怒火，但怒火再次被无情地浇灭了。不过，总的来说，罗马帝国的影响力是通过高明的外交手段而不是武力获得的。邻邦统治者见识过哈德良派驻在罗马帝国边境上整齐威武的军团。他们可不愿尝试它的威力。安敦尼·庇护虽然一贯温文尔雅，但必要时会以雷霆万钧之势发动战争。因此，邻邦的统治者都愿意和他保持友好关系。一些人从远东②来到罗马，向安敦尼·庇护致敬。还有一些人虽然怀有雄心壮志，但因安敦尼·庇护的一个字或一个手势就放弃了自己的梦想。他们请求安敦尼·庇护做争执双方的裁判，或者宣布放弃可能违背他意愿的目标。安敦尼·庇护尽管不喜欢炫耀个人成就，但为了帝国利益，不会放弃实际权力。他总能忽略外在形式，抓住事物的本质。

安敦尼·庇护最喜欢的度假胜地，是伊特鲁里亚的洛里姆。在洛里姆，他度过了快乐的童年时光。年轻时，安敦尼·庇护尽管经常被召去担任父亲和祖先之前担任过的官职，但还是乐意放下重担，抽空回到洛里姆。也是在这里，身为皇帝的安敦尼·庇护从国家事务和喧嚣中暂时解脱出来，脱下紫袍，穿上家乡朴素的土布衣服。在这片净土上，没有任何烦琐的仪式扰乱他的平静，也没有令人厌倦的晨间问候及在御前会议或审判厅的冗长辩论。取而代之的，是农场和酿酒的家庭趣味。这是只有乡村才有的欢乐。就像马尼乌斯·库里乌斯·登塔图斯③或老加图的昔日生活一样，当时，人们还没有离开乡村奔赴城

---

① 布里甘特人，古代凯尔特人中的一支，主要活动区域在今天的约克郡。——译者注
② 远东，西方国家发明的地理概念，包括西伯利亚、东亚和东南亚。该地理概念源于欧洲地缘政治话语，相对应的地理概念还有近东和中东。——译者注
③ 马尼乌斯·库里乌斯·登塔图斯，古罗马军事活动家和政治家。——原注

镇，大农场的奴隶劳工也还没取代自耕农。他们虽然举止粗俗，但待人亲切自然。后来，在马库斯·奥勒留的回忆录中，我们看到了一些描绘安敦尼·庇护周围环境的美好画面：在家乡的社交圈里，安敦尼·庇护谈吐自如，免除了所有宫廷礼仪，热情地与每位邻居交谈。

安敦尼·庇护性情温和，没有任何架子，也不在乎等级地位，能轻易接受人们的善意玩笑，有时甚至可以容忍他人的粗鲁反驳。一天，在一个熟人家里，安敦尼·庇护看到一些斑岩石柱，非常喜欢，于是问主人在哪里买的。然而，对方毫不客气地告诉他，在别人家做客应该学会装聋作哑。对这种事情，安敦尼·庇护总是淡然处之，有时甚至只是将其当作一个笑话。例如，应安敦尼·庇护的邀请，科尔基斯的阿波罗尼奥斯·狄斯克鲁斯前往罗马教授年轻的马库斯·奥勒留哲学。然而，到达罗马后，阿波罗尼奥斯·狄斯克鲁斯拒绝拜见马库斯·奥勒留。阿波罗尼奥斯·狄斯克鲁斯说，学生应该侍候老师，而不是让老师侍候学生。对他的自命不凡，安敦尼·庇护只是一笑而过，还开玩笑说："好像从科尔基斯一路走来，比穿过罗马大街容易得多吧！"很久以前，安敦尼·庇护还是亚细亚行省总督时，在一次巡回审判中路过士麦那，借宿在正在远行的当地执法官、智辩家老底嘉的帕雷蒙家里。夜深人静时，老底嘉的帕雷蒙回来了，很不耐烦地敲打门，直到把家中的不速之客赶出门外、自己独占整套房子才平静下来。了不起的安敦尼·庇护默默忍受了这次屈辱。几年后，老底嘉的帕雷蒙到罗马炫耀口才时，已经成为皇帝的安敦尼·庇护对他表示欢迎，并未对之前发生的事耿耿于怀，还告诉仆人要小心侍候老底嘉的帕雷蒙，不要把门反锁了。后来，一位演员来向安敦尼·庇护诉苦，说在毫无征兆的情况下，舞台导演老底嘉的帕雷蒙解雇了他。安敦尼·庇护只问了解雇的时间。"正午！"这位演员回答说。安敦尼·庇护却说："他曾半夜把我赶出家门，我都没有提出控诉！"

性格的魅力和优点，使安敦尼·庇护无论说什么或做什么都很自然。他不喜欢传统做作的举止。年轻的马库斯·奥勒留心地温柔善良，在老师去世后，悲伤得无以复加。对马库斯·奥勒留表现出来的深切悲痛，宫廷侍从感到十分震惊，劝他克制情感。然而，安敦尼·庇护制止了他们，说："让他哭吧！无论是哲学还是地位，都不能扼杀人们内心深处的情感。"令人高兴的是，在对别人宽厚、温柔的同时，安敦尼·庇护也得到了回报。很久以前，按照哈德良的意愿，安敦尼·庇护收养了自己的外甥①马库斯·奥勒留，密切地关注他的成长，后来还把女儿小福斯蒂娜嫁给了他。在安敦尼·庇护的精心培养下，马库

小福斯蒂娜

---

① 马库斯·奥勒留的父亲马库斯·安尼乌斯·韦鲁斯是大福斯蒂娜的哥哥，而大福斯蒂娜是安敦尼·庇护的妻子。因此，马库斯·奥勒留是安敦尼·庇护的外甥。——译者注

斯·奥勒留养成了尽忠职守的习性。多年来,这个年轻人一直跟随安敦尼·庇护左右,夜以继日地学习治国理政之道。马库斯·奥勒留性情温顺,却意志坚强,随时准备担负起年迈的安敦尼·庇护即将交给自己的重担。

最终,这一天还是到来了。161年,在位长达二十三年的安敦尼·庇护驾崩。驾崩前,他虚弱得只有留下几句遗言的力气了。他把罗马帝国和女儿小福斯蒂娜都托付给了马库斯·奥勒留。之后,安敦尼·庇护让仆人把一直矗立在自己床头、象征财富的金像搬进了马库斯·奥勒留的房间,并且给站岗的禁卫军下达了最后一道命令。他选择"平静"地离开,这是一种镇定与平和性格的象征。这种性格温和而坚定,朴实又不失完美的尊严。对这位善良的老人,历史学家很仁慈,只字未提他的缺点。我们只知道,安敦尼·庇护是一位无私的统治者。即位时,他很富有,但他告诉大福斯蒂娜,做了皇帝后就必须放弃其他利益。安敦尼·庇护没有为自己建造新的纪念碑,却修复了他人的纪念碑。作为皇帝,他为重现罗马共和国时期的辉煌成就做出了贡献。安敦尼·庇护尽管没有做出轰轰烈烈的大事,但可能是史上最伟大的皇帝,因为他赋予了子民爱和幸福。

第5章

马库斯·奥勒留统治时期（从161年到180年）

精彩看点

马库斯·奥勒留的早年生活——马库斯·奥勒留的恩师马库斯·科尔内留斯·弗龙托——民众的爱戴并未使马库斯·奥勒留丧失理智——马库斯·奥勒留的家庭生活——马库斯·奥勒留与卢修斯·韦鲁斯共治——马库斯·奥勒留关注民生——罗马帝国边界的战乱——两位皇帝亲征——瘟疫肆虐——东方的叛乱——马库斯·奥勒留平定叛乱——马库斯·奥勒留重返战场与驾崩——民众纪念马库斯·奥勒留——马库斯·奥勒留的哲学思考——关于小福斯蒂娜的传闻

很久以前，柏拉图就写到，在哲学占主导地位前，地球上不可能有完美的政府。在马库斯·奥勒留统治时期，几近完美的政府即将出现，因为整个世界都掌握在一个探求真理的人手中。此人曾拜自己所处时代的所有圣贤为师，探索了所有古代智慧之源。马库斯·奥勒留出生于一个长期定居在西班牙南部的家庭，后来出任罗马执政官。幼年时，马库斯·奥勒留的父亲马库斯·安尼乌斯·韦鲁斯就去世了。在祖父马库斯·安尼乌斯·韦鲁斯①的悉心照料下，马库斯·奥勒留很早就得到了哈德良的喜爱。由于马库斯·奥勒留性格坦诚直率，哈德良戏称他为"韦利西姆斯"，即"最真诚的人"。后来，马库斯·奥勒留非常喜欢"韦利西姆斯"这个名字，有时甚至会把它铸造在钱币上。八岁这年，马库斯·奥勒留成为萨利圣学院的教士，被称为"马尔斯教士"。萨利圣学院的教士通常都是从罗马最古老的贵族家庭中招募的。和教士们在一起的日子里，马库斯·奥勒留学会了在公共场合辩论，带着据说是从天而降的盾牌，穿过整座城市去参加古老的舞蹈和礼拜仪式。在许多仪式中，马库斯·奥勒留会不时地增加一些新台词，用来纪念刚被神化的安敦尼·庇护。然而，听众几乎都听不懂他在说什么。之后，听众会一起把手中的鲜花扔到神像上。只有马库斯·奥

---

① 马库斯·奥勒留的父亲、祖父、曾祖父同名同姓。——译者注

勒留可以把手中的花环戴在神像头上。马库斯·奥勒留虽然很年轻，却是教士中的佼佼者。他能把所有赞美诗倒背如流。在皇室隆恩的沐浴下，马库斯·奥勒留迅速成长。家族长辈不遗余力地为他谋取高位。他的授业恩师都是当时最了不起的老师。

　　在马库斯·奥勒留的所有老师中，最著名的是马库斯·科尔内留斯·弗龙托。20世纪初，一次偶然的机会，人们有幸发现了一份马库斯·科尔内留斯·弗龙托与弟子马库斯·奥勒留来往书信的手稿，上面的字迹已褪色。罗马帝国时期，有人会重复利用前人手稿，在上面撰写一部新作品。这种做法给后世留下了许多宝贵资料，但代价是一些具有重大历史意义的典籍遭到破坏。作为修辞学家，在文风方面，马库斯·科尔内留斯·弗龙托有些迂腐和矫揉造作，所以无法教授年轻人优雅的写作风格。然而，如果不考虑书信手稿形式上的照猫画虎和措辞上的矫揉造作，人们会发现热情洋溢的情感涌上心头，给文笔稚嫩的书信增添了美感。马库斯·奥勒留与老师志趣相投，从不吝啬对老师的溢美之词，并且对老师非常信任。当然，他们的通信内容主要是关于学习的，讲述了马库斯·奥勒留如何努力学习希腊语。在信中，马库斯·奥勒留希望自己有一天能与最能言善辩的希腊作家媲美。马库斯·奥勒留学习非常努力，仅用几天时间就从至少六十本书里摘录出所需内容。因为担心吓到老师，他半开玩笑地说有些书很简短。他写的一些装腔作势的评论性文章令人不由得担心他正在变成一个自命不凡的书呆子，但他也会讲一些轻松诙谐的笑话，表明自己并没有失去年轻人喜欢搞恶作剧的天性。有一天，马库斯·奥勒留兴高采烈地写道，自己和朋友骑马吓唬了路上的牧羊人。牧羊人把他们当成了拦路大盗，用怀疑的眼神紧紧盯着他们。他们骑马向羊群冲去，逼得牧羊人节节后退，最后不得不挥舞手中的棍棒防御时，才调转马头离开。

　　令人欣慰的是，年轻的马库斯·奥勒留还有其他老师。他们教给马库斯·奥勒留一些更实用的知识。人们发现，马库斯·奥勒留从小就是一个聪明伶俐的学生，求知若渴，意志坚定，严于律己。他努力坚持自己的原则，喜欢过

马库斯·奥勒留

简朴生活，有时甚至以天为被，以地为床，从不奢侈荒淫。马库斯·奥勒留苦行僧式的生活方式，主要是受母亲多米提娅·卡维拉的影响。

对马库斯·奥勒留学习的一些实用知识，马库斯·科尔内留斯·弗龙托表示不敢苟同。他恳求马库斯·奥勒留不要因追求简洁、质朴的语言而放弃艺术之美，也让他不要认为注重语言形式和修辞是虚荣、世俗的表现。马库斯·科尔内留斯·弗龙托希望马库斯·奥勒留能出人头地，认为做罗马帝国的雄辩家是最有效的成名方式。雄辩家的职责在于向听众宣讲责任与义务，提出表扬或给予谴责，在适当的时候激励人们奋发向上。统治者的伟大之处并不在于制定法规政策，也不在于发动残酷的战争。这不仅与个人抱负及声誉有关，也关系到民众的切身利益。在信中，马库斯·科尔内留斯·弗龙托提到，自己因担心不能激励马库斯·奥勒留进步而度过了多个不眠之夜，还担心自己日益提高的

多米提娅·卡维拉

尤尼乌斯·鲁斯提库斯

品位会与纯洁性背道而驰。他提议与马库斯·奥勒留一起学习优雅的文风,避开滑稽、刻薄的思想和语言,只接受纯洁的知识。

此时,作为认真的学者,马库斯·奥勒留的学识已经青出于蓝而胜于蓝了。他并没有因个人品位和韵律规则而放弃思考一些重大问题。例如,"地球上为什么到处都有人?"多年后,马库斯·奥勒留从修辞学到哲学的转变应归功于斯多葛学派的尤尼乌斯·鲁斯提库斯。马库斯·奥勒留说:"尤尼乌斯·鲁斯提库斯让我觉得需要改变自己的性格,也是他告诫我不要走上诡辩的危险道路,不要为博得掌声而去巡回演说。多亏了他,我才摆脱了修辞学和诗歌,摆脱了矫揉造作的风格,现在可以简简单单地写作了。从他身上,我学会了集中思想认真学习,也学会了镇定面对演讲中的突发情况。"

与此同时，马库斯·奥勒留受到了其他人的影响，开始思考更深层次的问题。他并不注重荣誉与地位，却获得了更多的荣誉和更高的地位。十五岁时，因为罗马执政官外出参加节日活动，马库斯·奥勒留就被任命为市政官①，或称罗马的第一任治安官。他还与最有可能成为皇位继承人的卢修斯·埃利乌斯的女儿凯奥尼亚·法比娅订了婚。两年后，卢修斯·埃利乌斯去世。应哈德良的要求，马库斯·奥勒留被指定为安敦尼·庇护的继承人，并且很快就得到了无可争议的权力。从此，马库斯·奥勒留前程似锦：各种头衔和官职接踵而至，各神学院都热情地邀请他加入。在遥远的达契亚，人们发现了纪念他的碑文。这些碑文表明，民众开始关注这位已经承担帝国重任的年轻皇位继承人。民众似乎很快就对马库斯·奥勒留表达了爱戴之意，并且对他年轻时的承诺充满希冀。民众对他的欢迎，使他的雕像在市面上与日俱增。有人说，在商铺、公共酒馆或者银钱兑换商的桌子上，粗制滥造的雕像随处可见，都突出了广受欢迎的马库斯·奥勒留的显著特征。不过，令人高兴的是，这些追捧并未使马库斯·奥勒留丧失理智，影响其判断力。相反，他更加清醒地认识到自己肩负的重任，决心认真履行职责。

马库斯·奥勒留曾与哈德良共同生活了一段时间。宫廷里放荡不羁、妖冶而危险的女人曾试图引诱马库斯·奥勒留，使他的生活陷入深渊。然而，在他成长过程中，母亲多米提娅·卡维拉一直细心地关注他，保护他纯洁的心灵。多年后，对母亲的温柔呵护，他依旧心怀感恩。受斯多葛学派学说吸引，马库斯·奥勒留从伟大的斯多葛学派学者那里探求贵族生活的秘密，相信在斯多葛学派学者的帮助下，自己能找到指路明灯，由此了解世间万物的真正奥秘。他们的原则有时确实严格，追求完美，对意志薄弱、苦苦挣扎的人来说毫无意义。斯多葛学派学者甚至会鄙视饱受折磨的人，认为其软弱无能。然而，马库斯·奥勒留太慷慨，太温柔了，不愿持有这种孤傲的哲学观念。他的内心充满了疑问，却

---

① 市政官，古罗马的一种官职，主要负责维护公共建筑，监管各类节日，维持公共秩序，与现在的地方政府类似。——译者注

依然非常自律。他并未忘记自己的良师益友马库斯·科尔内留斯·弗龙托。他给马库斯·科尔内留斯·弗龙托写信，讲述自己在洛里姆乡间小屋度过的愉快时光，自己深情地注视着襁褓中的孩子们，对他们偶尔生病感到焦虑不安。马库斯·奥勒留经常提起孩子们，和他们在一起，会忘记棘手的政务。他写道："天气不好时，我会感到不适，但如果女儿们安康，自己也就不觉得难过了，连天气似乎都好起来了。"对此，马库斯·科尔内留斯·弗龙托感同身受。在信中，他经常亲切地问候小公主们："亲亲她们的小胖脚丫和肉乎乎的小手。"满足地分享着马库斯·奥勒留的简单幸福生活。其中有一封信的主要内容如下：

> 我见过你的宝贝们。她们和你简直是一个模子刻出来的，这太神奇了！对我来说，这真是太好了！前往洛里姆的旅途，道路湿滑，陡峭不平，但我觉得这一趟非常值得，因为我身边有两个缩小版的你。她们声音洪亮，面色红润。一个手里拿着一块可口的白面包，吃得很优雅；另一个手里拿着一块硬邦邦的黑面包，若有所思。在她们小声但愉快的喋喋不休中，我似乎听到了你讲话时和谐而清晰的语调。

马库斯·科尔内留斯·弗龙托始终不喜欢哲学，但似乎很喜欢调侃马库斯·奥勒留的专业学识。哲学确实是一种伟大的道德力量，也是无宗教信仰者的主流思想。然而，马库斯·科尔内留斯·弗龙托认为哲学是自命不凡、吹毛求疵之人的武器，过于注重咬文嚼字，却不能引导理性思考或触动心灵。该评论有失偏颇。不过，他告诫马库斯·奥勒留要记住身居高位者的责任，以及高贵的君主与粗鄙的斯多葛学派学者之间的区别，这一点是值得肯定的。马库斯·科尔内留斯·弗龙托有一个强大的盟友，即小公主们的母亲小福斯蒂娜。马库斯·科尔内留斯·弗龙托经常在信中提到她，认为作为一位皇后，她贤良淑德、出身高贵、举止高雅，是罗马时尚圈的典范。毫无疑问，小福斯蒂娜并不喜欢粗俗的斯多葛学派学者大肆宣传平等和男性权利,不希望丈夫受其影响,甚至会用女性的智慧嘲弄他们。对此,斯多葛学派学者不以为然,认为小福斯蒂娜举止轻浮,还说出身名门的贵夫人不应该如此放纵。因此,在刻板的思想界和文学界,甚至在史书中,一些关于小福斯蒂娜的负面流言是存在的。

岁月流逝,在认真学习、忧国忧民的同时,马库斯·奥勒留对家庭极尽温柔。不过,史料没有给我们留下更多有趣的细节,直到安敦尼·庇护结束了长期繁荣的和平统治后,由代表罗马帝国荣誉、历经磨难的马库斯·奥勒留继位。马库斯·奥勒留如果当时怀有独揽大权的野心,早就天下无敌了,但他想到了很少被人关注的卢修斯·韦鲁斯。与马库斯·奥勒留一样,卢修斯·韦鲁斯也是安敦尼·庇护遵从哈德良的遗愿而收养的,收养的目的是造就伟大的未来。于是,马库斯·奥勒留与卢修斯·韦鲁斯共同执政。罗马帝国第一次见证了两位统治者在平等的基础上共享皇帝权力。

起初,马库斯·奥勒留与卢修斯·韦鲁斯联合执政,并未造就繁荣富强的太平盛世。161年,洪水与战争昭示了不祥的征兆。首先,台伯河上升到了史上最高水位。洪水蔓延到城市的所有低洼地带,造成了严重的生命、财产损失。长期洪涝灾害留下了成片废墟,造成了严重饥荒。其次,流言四起,说遥远边疆充满危险与战乱。在不列颠尼亚,叛军正在崛起。他们想要获得自由选择的权利,还希望自己的将领能成为罗马帝国的统治者。不过,经验丰富、英勇无畏的将领经受住了诱惑,没有发动暴乱。士兵们很快坚定了忠君报国的决心。不列颠尼亚驻军将领也被快速召回东部服役。北部边界,当地部族发生武装冲突,冲破了罗马帝国的防线。罗马帝国只好派一位名将把他们驱逐出去。幼发拉底河流域的危机最严重,也最紧迫。长期以来,帕提亚人一直被图拉真的军事实力及其继任者的巧妙政策压制。此时,帕提亚人再次向罗马军团发起挑衅。多年前,由于一直受东西方帝国争夺的亚美尼亚王国选出了统治者,他们就发动过进攻。曾经有一段时间,亚美尼亚国王因谨言慎行而避免了战争。然而,暴乱最终还是在毫无防备的情况下发生了,并且席卷了罗马帝国边界。亚美尼亚

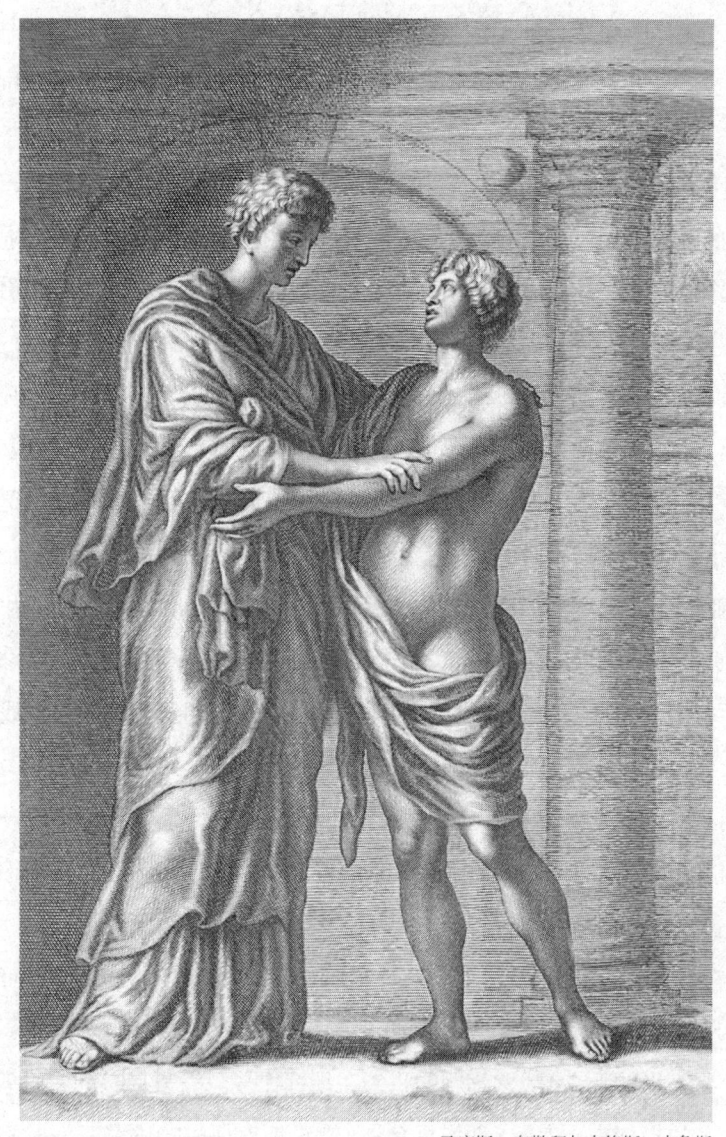

马库斯·奥勒留与卢修斯·韦鲁斯

不堪一击，被帕提亚人迅速占领。统领海湾的罗马军团也被击败，变得四分五裂。叙利亚行省被迫向帕提亚人敞开大门，任其蹂躏、掠夺。

此时，危险迫在眉睫，急需皇帝亲征。162年，卢修斯·韦鲁斯亲自前往东部鼓舞士气，重整旗鼓，防御外敌。随他出征或之前已经在前线指挥作战的都是经验丰富的将领。主帅是一位英勇无畏的领袖——阿维狄乌斯·卡西乌斯。由于多年和平，罗马士兵的锐气被磨平了。因此，对罗马士兵来说，有一位果断刚毅的统帅是好事。事实证明，叙利亚行省城市里懒惰、散漫的风气对罗马士兵的纪律具有致命性打击，穷奢极欲之风盛行的安条克与灯红酒绿的达夫尼更是严重影响了罗马士兵的男子汉气概。据史书记载，罗马士兵只在乎武器轻便易携及马鞍柔软舒适，却不关心战马的病因，也不在意装备是否完好。

总指挥卢修斯·韦鲁斯只配拥有士气低落的部队。尽管每份急报传来的都是令人震惊的消息，但他并不急于赶赴战场，而是在罗马帝国南部逗留，享受狩猎的乐趣，还在希腊的小岛上游手好闲，似乎沉醉于美妙的音乐而无法自拔。小亚细亚沿海城镇的风景常常诱惑卢修斯·韦鲁斯驻足。终于到达安条克后，他竟低声下气地向帕提亚人提出缔结和平条约。遭到拒绝后，卢修斯·韦鲁斯不得不下定决心认真备战。即使这样，他也没有想过亲自带兵作战。他不愿与士兵一起冒着生命危险去战斗，而是为了自身安全始终留在后方，沉溺于无聊的欢愉和感官享受中。连懒散的叙利亚当地民众都开始嘲笑卢修斯·韦鲁斯的所作所为。即使是习惯阿谀奉承的人，也很难找到溢美之词来掩饰卢修斯·韦鲁斯的懒惰与无能。

与安条克散漫的驻军不同，罗马军团兵强马壮。罗马帝国从遥远的边界征调了特遣队。除了许多辅助部队，随后的战役中至少还有八个军团的踪迹。

值得高兴的是，有战术高明的将领在指挥作战。曾被部下违心地指证为皇位觊觎者的指挥官马库斯·斯塔提乌斯·普里斯库斯成功进军亚美尼亚，征服了其首都阿塔克萨塔，再次证明了自己的绝对忠诚。与此同时，阿维狄乌斯·卡西乌斯率领罗马大军直逼帕提亚，最终将溃败的敌军赶到塞琉西亚和泰西封

雕刻：罗马军团与帕提亚人交战

的城墙外。在多次艰苦战斗中,阿维狄乌斯·卡西乌斯再次证明了自己英勇善战。大败而归的帕提亚人求和,答应将莱茵河与多瑙河之间的边界土地割让给罗马帝国。这些赫赫战功传到小亚细亚东部的偏远地区,对其他侵犯力量产生了震慑作用。自此,西方军队进攻罗马帝国边界的消息再也没有传出。中国编年史学家认为,罗马帝国第一次向中国派遣使者的时间,可以追溯到帕提亚战争①结束这年。当时,罗马使者带的礼物是龟壳和象牙。不过,无论是外国商人还是官方使者,都是从南部海岸而不是直接穿过中亚内陆进入中国的,这无疑是受战场上的军队影响。

帕提亚战争持续了五年。166年,卢修斯·韦鲁斯心不甘情不愿地离开了让士兵备感荣耀却令自己耻辱的战场。在战争中,卢修斯·韦鲁斯只到过一次前线。在元老院的恳切要求下,他才来到了幼发拉底河前线。他也曾前往以弗所迎接自己的新娘露西拉,因为他担心马库斯·奥勒留会亲自陪同女儿露西拉前来,看看女婿的近况。然而,大部分时间,卢修斯·韦鲁斯都无所事事,百无聊赖地嬉戏和享乐,除了在冬宫与夏宫之间反复往返,没有留下任何值得载入史册的事迹。这种生活,几乎没有什么可以激发桂冠诗人或宫廷编年史家的想象力。然而,在写给马库斯·科尔内留斯·弗龙托的信中,提到帕提亚战争时,卢修斯·韦鲁斯希望身为著名学者的马库斯·科尔内留斯·弗龙托记载的历史能让自己名垂千古。卢修斯·韦鲁斯承诺,会把将领们有关战事的记录与国家地理和自然气候的回忆录一起寄给马库斯·科尔内留斯·弗龙托,甚至会寄一些自己的记录。由此可见,卢修斯·韦鲁斯非常渴望得到荣誉。他镇定自若、理直气壮地把将领们英勇奋战取得的胜利成果据为己有,还恳求马库斯·科尔内留斯·弗龙托在马库斯·奥勒留视察战场时生动、形象地描绘叙利亚行省当时的衰败景象,以彰显罗马军团取得的巨大成就。马库斯·科尔内留斯·弗龙托记载的史料并未保存下来,但我们或许可以从他喜欢迎合受访对象的虚荣心、

---

① 帕提亚战争,161年到166年罗马帝国与帕提亚帝国在亚美尼亚、美索不达米亚进行的战争,最后以罗马帝国胜利告终。——译者注

露西拉

喜欢撰写自命不凡的颂词的角度判断这些史料的写作风格。为纪念此次胜利，马库斯·奥勒留与卢修斯·韦鲁斯在赐予对方称号的问题上相互谦让，表现出了慷慨的胸襟。因为没有参与战争，马库斯·奥勒留拒绝接受"帕提亚征服者"或"亚美尼亚征服者"的称号。然而，卢修斯·韦鲁斯表面上做足了谦虚的功夫，表示只愿和马库斯·奥勒留共同享有这些称号。一位官员夸张地说："卢修斯·韦鲁斯坚持两人共享盛誉，还成功说服了马库斯·奥勒留。这比过去任何战争取得的成就都辉煌。"就像征服军还没来得及进攻时，敌军的许多据点，如阿塔克萨塔，就溃不成军了一样，在卢修斯·韦鲁斯的一再坚持下，马库斯·奥勒留被说服了。

我们无从得知马库斯·奥勒留独自统治的五年里发生了什么，关于当时罗马帝国的只字片语主要来自历史遗迹。马库斯·奥勒留与卢修斯·韦鲁斯为贫困儿童捐资建立的慈善机构，由罗马执政官委派的官员而不是骑士负责，足以说明这项工作的重要性。在皇室婚姻中，新的纽带将皇室成员联系在一起。不过，他们并没有忘记还有贫穷儿童，于是拨出了新的资金来抚养更多孩子。这些孩子沿用两个统治家族的名字，就像之前被资助的孩子们用图拉真和大福斯蒂娜的名字来命名一样。

与此同时，政府采取措施改善民众的物质生活条件。其间，政府从罗马选派了四五名高级官员前往罗马帝国的城镇法院。这些官员拥有很大的管辖权，地位比市镇官员和地方治安官高。这些所谓的法官还被赋予了监督食品供应和监管粮食贸易的责任。当时，罗马帝国的很多土地因无人开垦而荒芜。同时，天气也对粮食收成造成了很大影响。因此，罗马帝国的粮食不得不依赖进口。在里米尼发现的铭文记载，老城区七个临时收容所及其委员会通过公开投票的方式，表彰了一名官员在饥荒时期为当地居民所做的努力。

对无家可归之人和穷人，马库斯·奥勒留表现出了强烈的怜悯之情。他特别委任"长官"监督孤儿福利，确保监护人不辜负皇帝的信任，防止被监护人的利益受损。巧合的是，马库斯·奥勒留任命的第一位长官不久后成了意大利半岛北部的法官。这位长官因在饥荒危急时刻把皇帝的体恤和关爱传递到千家万户而赢得了崇高的荣誉。

随着以上变化及人们对良好社会秩序的期盼，新的法规逐渐形成了。自此以后，意大利半岛出生的居民均需在三十天内登记。这是一项公共或私人慈善机构应对绝望与贫困蔓延的必要措施。

在其他方面，马库斯·奥勒留没有太大的野心，也不愿用伟大的成就标榜自己。他乐意让罗马元老院参与执政，并且始终对罗马元老院非常敬重。在条件允许的情况下，马库斯·奥勒留也会出席罗马元老院的会议。如果局势紧张，他甚至会一直坚持到天黑。马库斯·奥勒留尽管面容憔悴，身体虚弱不堪，但对自己的要求从不松懈。医生曾警告他，再不好好休息就会累死。然而，马库斯·奥勒留最关心的是民众能及时得到公正对待，无论是自己还是臣属，都不能拖延工作。基于这一点，他竭尽全力敦促法院增加开庭天数，积极向身边见多识广的人寻求建议和帮助。年迈的帝师尤尼乌斯·鲁斯提库斯不得不放弃学术乐趣，转而从政。他首先担任了市政官，治理城市，以身示范如何践行斯多葛学派学说，证明统治者必须通过自治才能学会如何治人。

此后，马库斯·奥勒留并没有多少空闲时间来研究和平年代的治国之术，因为不幸的命运让他在最好的年华卷入了一场毫无辉煌可言的战争。马库斯·奥勒留生性过于温柔与敏感，在军中毫无随遇而安的感觉。他心胸开阔，不受日渐消失的荣誉和虚荣心的困扰。战争并非他所求，所以除了民众的尊严和安危，他愿意以任何代价换取和平。然而，危险已迫在眉睫，他不能将战事完全交由低级将领处理。严谨的哲学教会马库斯·奥勒留不能得过且过，敷衍塞责。

罗马帝国的边界防线像一条又长又宽的带子，把罗马帝国和其他国家分隔开来。担负守卫边界防线职责的是值得信赖的罗马军团。远方的野蛮部族被图拉真的军事力量和哈德良的精锐之师吓坏了，消停了很长一段时间。然而，此时这些部族急于穿越罗马帝国的边界防线，带着愤怒的情绪蜂拥而至，还扬言要冲破所有壁垒。帕提亚人被打败后，安静了一段时间，但很快重新武装起来。非洲的摩尔人也加入行动中，他们刚扫荡了西班牙。远在西部的喀里多尼亚人①对为阻挡自己而修筑起来的长城和堤坝感到恼怒。他们的凶猛野性足以让罗马军团提前缴械投降。

喀里多尼亚人

① 喀里多尼亚人，铁器时代和罗马时代居住在现在苏格兰的一支部族，是现在苏格兰人的祖先。——译者注

战斗中的斯拉夫人

从德涅斯特河河口到莱茵河入海口,再到所有支流水域,许多不安分的部族名字拗口,起源不详。日耳曼人、斯拉夫人和芬兰人,以敌对的姿态在北部边境游荡,时刻准备在罗马军团毫无防备的情况下发起进攻。我们需要详细了解这些战争,了解喜欢冥想的马库斯·奥勒留是以什么样的精神状态去面对艰苦的战争,以及作为他对艰难时期的远见卓识。

带着浓厚的兴趣,我们开始阅读马库斯·奥勒留在不列颠尼亚的战争史,但能找到的资料寥寥无几。战争伊始,一位叫卡尔普尔尼乌斯·阿格里科拉的新任指挥官被派去消除在当地军队或罗马军团中传出的威胁性谣言。这个名字令人想起了早期的一位著名船长。该船长在不列颠尼亚的辉煌事迹被塔西佗写入了编年史。不过,没有证据表明,卡尔普尔尼乌斯·阿格里科拉也取得了同样的成就。但至少七年后,哈德良长城附近的铭文中提到了他。多年来,罗马帝国在军事上没有取得任何进展,也没有任何有关罗马军团再次踏足喀里多尼亚①的记录，尽管在安敦尼·庇护统治下，罗马军团在原来的长城基础上把防线扩张到大约八十英里外的地方。此外，为提防北部不甘屈服的民族抢占土地，罗马帝国在克莱德和福斯湾之间的狭长地带修建了第二段长城。同时，遥远地区的一个友好部族愿意有偿为罗马帝国效力，派遣了五千名骑兵从多瑙河下游进发。然而，他们与皮克特和喀里多尼亚的勇士难分胜负。在皮克特人②和喀里多尼亚人面前，即使萨尔马提亚人③的凶

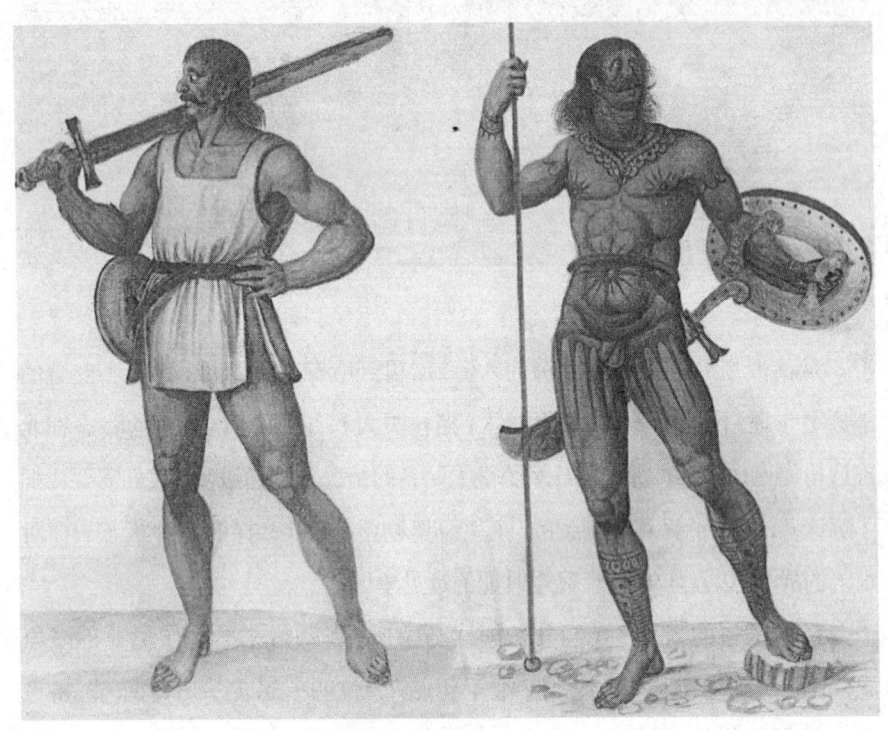

皮克特人

---

① 喀里多尼亚，古罗马时期的地名，主要是指罗马帝国不列颠尼亚行省以北的地区，即今天的苏格兰。——译者注
② 皮克特人，铁器时代晚期和中世纪早期居住在今苏格兰东部及北部的一支部族，讲凯尔特语。——译者注
③ 萨尔马提亚人，一个存在于古代的大型伊朗部族，起源于欧亚草原中部，公元前5世纪到公元4世纪发展壮大。——译者注

马科曼尼人

猛和罗马军团的铁血军纪加在一起也无能为力,甚至难以坚守阵地。不过,当时的官方史书没有记载罗马军团的事迹。毫无疑问,对罗马帝国统治者而言,不列颠尼亚的动乱无足轻重。

与不列颠尼亚的动乱相比,还有一个边境风险更具威胁性。为应对帕提亚战争带来的压力,罗马帝国在多瑙河流域的防卫力量减弱。马科曼尼人[①]及

---

① 马科曼尼人,日耳曼人的一个分支部族,曾在多瑙河北岸建立了一个强大的王国。——译者注

其邻近部族一直处于戒备状态,利用罗马军团撤军的空当,肆意侵扰罗马帝国毫无防备的行省。从多瑙河河口到伊利里亚边界,野蛮部族的势力范围不断扩大。如果任由所有混乱继续发展,那么南部很可能将遭受灭顶之灾。幼发拉底河流域恢复和平时,多瑙河河口到伊利里亚边界的危机已迫在眉睫。马库斯·奥勒留和卢修斯·韦鲁斯决心共赴战场。此时,罗马城中,民众的欢呼声还没有完全消失,胜利的盛况也还没有从民众的脑海中消失。

尽管罗马帝国刚刚在战争中取得了胜利,马库斯·奥勒留和卢修斯·韦鲁斯却没有心情发动新的战争。民众的情绪低落到极点。他们沉湎于幻想,预感到了将要发生的灾难及可能面对的挫折。饥荒虽然已经过去很多年了,但对罗马帝国的影响依然存在。政府官员也做好了及时救援的准备。167年,致命灾难悄然降临,迅速引起民众的恐慌。满载荣誉的士兵从东方回来参加凯旋仪式,同时带回了致命的瘟疫病毒。紧接着,瘟疫迅速扩散至西方所有国家。此次灾难迅速席卷整个罗马帝国。仅在首都罗马,虽然在战争中光荣负伤的士兵人数下降了,但死亡的士兵人数快速上升。所有马车都被用来运送死于瘟疫的士兵了。政府通过严格的法律规范尸体的安葬程序。为了保护贫困阶层的利益,政府接手了这项令人绝望的工作。民众心中充满恐慌,感觉死神近在眼前,只好通过宗教活动安抚情绪,消除内心的不安。他们还会举行庄严的祭祀仪式来悼念死于瘟疫的人。仿佛古老的民族神已经无力拯救人类,民众在迷茫中转向神秘的异教仪式,向许多不知名的神献上祭品,祈祷得到庇护。

与此同时,北方部族获悉罗马帝国的两位皇帝亲征,听到罗马军团的行军声,对战争的热情迅速冷却下来。刚到阿奎莱亚,马库斯·奥勒留和卢修斯·韦鲁斯就接到了敌军已经撤至河对岸的消息。敌军十万火急地派出使者,带着怂恿他们进攻罗马帝国边界防线的始作俑者的首级,前来求和。边境部族犹如丧家之犬。其中一个叫夸迪的部族当时没有领袖,请求罗马帝国收编。据史书记载,卢修斯·韦鲁斯放纵不羁,粗心大意,认为危险已经解除,急切地想要返回罗马。然而,稍有先见之明的人都会发现,这只是暴风雨前的宁静。只

马库斯·奥勒留与罗马将领举行军事会议

有坚定不移,严阵以待,才能保住已经取得胜利的阵地。从当时寥寥可数的编年史中,我们无法得知马库斯·奥勒留和卢修斯·韦鲁斯在前线待了多久。我们只知道,他们在回到罗马不到两年的时间里便重返战场。因为有消息说,他们的宿敌违反休战协定,再次武装起来。像上次一样,马库斯·奥勒留和卢修斯·韦鲁斯一起率军前往阿奎莱亚。他们将在阿奎莱亚整编部队,进行冬季练兵,秣马厉兵,为春天打响战役做好准备。

然而,瘟疫肆虐从未停止。在拥挤的营地里,瘟疫再次爆发。死亡人数以惊人的速度攀升。马库斯·奥勒留和卢修斯·韦鲁斯召来闻名遐迩的御医

盖伦

盖伦,尝试用各种医疗手段阻止瘟疫扩散以拯救病人,但均未奏效。面对可怕的死亡速度,马库斯·奥勒留和卢修斯·韦鲁斯不得不改变作战计划,立即拆散军营,把士兵分散在不同营地。随后,马库斯·奥勒留和卢修斯·韦鲁斯返回罗马。

　　返回罗马途中,在阿提努姆,卢修斯·韦鲁斯遭到袭击,一病不起。自此,马库斯·奥勒留独揽大权。事实上,马库斯·奥勒留早就独当一面了。在治国方面，卢修斯·韦鲁斯毫无建树。因此，他驾崩并未令人扼腕叹息。多年来的骄奢淫逸已令他身心俱疲。驾崩前，卢修斯·韦鲁斯有气无力、精神萎靡地回到罗马。他的放荡不羁令冷静的罗马民众感到震惊。他们想到了尼禄在金宫①的荒淫无度。对卢修斯·韦鲁斯荒淫本性中的穷奢极欲，马库斯·奥勒留并未视而不见。他把卢修斯·韦鲁斯派往东方，希望通过报效国家激发他的男子汉气概。然而，令人沮丧的是，不思进取的卢修斯·韦鲁斯居然带回来了一批形形色色的演员、舞蹈家、门客和小丑，用来打发闲散生活。百无聊赖时，卢修斯·韦鲁斯喜欢把角斗士围在栅栏里，看着他们自相残杀，以此获得乐趣。

　　面对堕落的卢修斯·韦鲁斯，马库斯·奥勒留始终心平气和。卢修斯·韦鲁斯驾崩后，马库斯·奥勒留甚至提议罗马元老院按照惯例授予其应有的荣誉。然而，马库斯·奥勒留不经意间表露了自己的心声：他对与他人共治早已厌

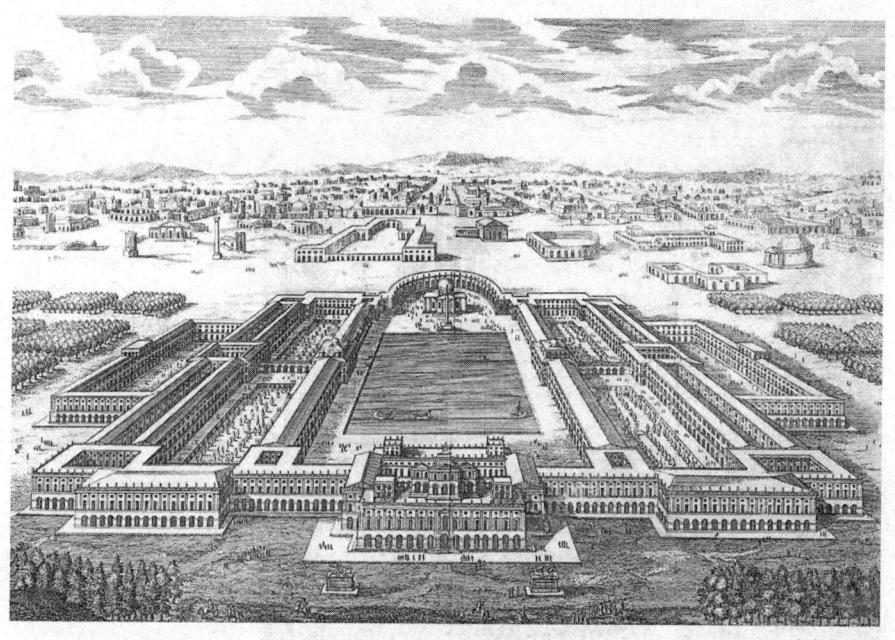

金宫复原图

---

① 金宫，罗马帝国皇帝尼禄修建的奢华宫殿，占地达八十多公顷。——译者注

烦至极，此时决心独揽大权。自此，国无二君。如果早料到卢修斯·韦鲁斯驾崩会使自己深陷谋杀同伴的流言，马库斯·奥勒留也许会更加谨言慎行。事实上，皇权独大的宫廷从来不缺流言蜚语。正如一位老传记作者所说，如果马库斯·奥勒留的清誉被这样玷污了，那么其他人更无法摆脱嫌疑。

马库斯·奥勒留曾因失去心爱的儿子马库斯·安尼乌斯·韦鲁斯·恺撒而悲痛欲绝。然而，斯多葛学派的圣贤并未像教导其他人一样教会他用坚韧与平静掩饰自己的情感。罗马元老院赐予了马库斯·安尼乌斯·韦鲁斯·恺撒荣誉，还为其树立雕像。对马库斯·奥勒留这位慈父来说，也算是一种安慰。

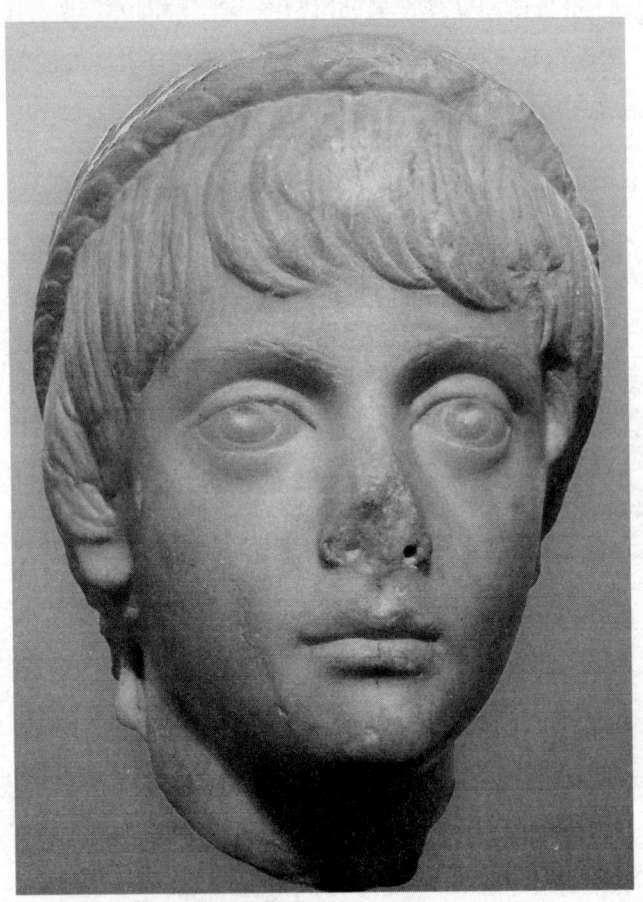

马库斯·安尼乌斯·韦鲁斯·恺撒

不过，马库斯·奥勒留几乎连排解悲伤情绪的时间都没有，因为多瑙河流域的危机迫在眉睫。他再次北上，制订作战计划，领兵作战。马库斯·奥勒留统治罗马帝国期间，罗马帝国危机重重。然而，他从未逃避责任，而是经常亲征。此后，马库斯·奥勒留常居边境，很少回罗马。尽管古代历史学家没留下多少细节描述，但我们可以通过铭文记录判断马科曼尼战争[①]打得有多艰难。

罗马帝国有三十个常备军团，其中一半以上参加了马科曼尼战争。墓志铭或祭品上反复出现了这些军团的名字，当然也有非正规军的痕迹。非正规军来自遥远的行省和邻近部族，随罗马军团一起出战。非正规军虽然人员和武器配备参差不齐，但愿意接受罗马军团严苛军纪的管束。通过强大的帝国政治体制，罗马军团把不同民族凝聚在一起，围绕共同利益，武装起来征服其他民族。这是罗马军团流传至今的经验。如果我们读到的史料是真实的，那么随着战争的深入，马库斯·奥勒留不得不征召流亡者、角斗士、奴隶等入伍，组成新军团赶赴战场。征兵工作进展缓慢，很难及时弥补战争造成的人员损失。自奥古斯都在边境建立自己的部队以来，中部各行省早已厌倦了服兵役。在罗马，也没有人愿意响应征兵号召。然而，看到角斗士离开后，懒惰的暴民非常不满，叫嚣说：“忧郁的皇帝剥夺了我们的乐趣，逼迫我们成为哲学家。”

与此同时，瘟疫还在蔓延，在军中肆虐，将所有希望和努力化为泡影。在战场上，罗马士兵不再勇往直前，有时甚至惊慌失措、溃败而归。阿奎莱亚要塞几近沦陷，但守军勇敢地将它从灾难中拯救出来了。雪上加霜的是，此时国库空虚——也许是被瘟疫和饥荒耗尽了。尽管马库斯·奥勒留动用了私人资金，但远远不够。他又毫无保留地卖掉了宫殿里昂贵的家具，拍卖了哈德良穷尽一生在旅途中收集的艺术珍品，只给自己留下了行军用的帐篷和打仗时穿的斗篷。

尽管前路仍然危险重重，但马库斯·奥勒留的不懈努力终于迎来了曙光。

[①] 马科曼尼战争，166年到180年，罗马帝国与日耳曼人中的马科曼尼部族、夸迪部族、萨尔马提人进行的一系列战争，最终罗马帝国获胜。——译者注

马科曼尼战争中罗马军团渡过多瑙河

莱茵河和多瑙河两岸的部族暂时放弃相互争斗,握手言和,希望联合发动一次大规模进攻,夺取罗马帝国的阵地。他们煽动妇女的爱国热情,鼓动她们与丈夫并肩战斗,同生共死。寒冬没能阻挡这些部族前进的脚步。据史书记载,他们在冰封的河面上向罗马军团发起致命进攻。起初,来自南方的罗马士兵感到沮丧,但很快就站稳了脚跟。罗马士兵手持盾牌,与敌军展开殊死搏斗。在罗马军营中,面对寒冷的天气、单调的营地生活和战争溃败的恐怖,没有人比马库斯·奥勒留更坚定不移和镇定自若。最后,进攻者垂头丧气地从罗马军团坚不可摧的阵前退兵。马库斯·奥勒留的付出得到了回报。同时,一段时间内,多瑙河流域各行省没有再受邻近部族的侵扰。

对已经取得的成就,马库斯·奥勒留并不满足。他开始着手惩处敌对的夸迪人[①],将他们驱逐出境。严冬过后的夏天既炎热又干燥。在这种环境下行军,罗马将士精疲力竭。

---

① 夸迪人,古日耳曼人,罗马帝国时期生活在今摩拉维亚。夸迪人的部落与罗马帝国北部隔多瑙河相望。——译者注

罗马军团处死被俘的马科曼尼人

在一次战斗中，罗马将士被引诱到一个隘口，被敌军包围。连日的炎热、干渴与疲乏，以及敌军的不断骚扰，早已让罗马将士疲惫不堪，濒临崩溃。忽然，原本烈日炎炎的天空下起了倾盆大雨，为疲惫的罗马将士带来了一阵清凉，令他们精神焕发。敌军再次蜂拥而上时，冰雹与闪电呼啸而至。敌军惊慌失措地撤退，最后不得不在罗马将士面前缴械投降。卡西乌斯·狄奥详细记述了此次战斗，把战斗中的异象归结于一名埃及士兵的神奇咒语，认为埃及士兵用强大的咒语叩开了天堂大门，召唤出了神秘力量拯救世界。相传，纪功柱上雕刻着这段时期的军事故事：诸神之王朱庇特的手臂和头发周围不断聚集罗马将士奔跑过程中产生的水汽，凝结成水珠，同时雷电快速向敌军上空集结。然而，基督教修士约翰·希菲利努斯简化了历史学家冗长的描述，严厉地指责历史学家编造谎言支持异端邪说。约翰·希菲利努斯虔诚地幻想这是上帝给予梅利泰内营地的基督教教徒的恩典。这个营地的士兵被称作"雷鸣军团"，以纪念基督教教徒的祈祷创造的奇迹。对这个故事，教会的神父很感兴趣，热衷于解

罗马军团与马科曼尼人交战

罗马军团袭击马科马曼尼人的村庄

释其中的寓意。然而，早在几年前，罗马帝国第十二军团就拥有了这个名字。该军团保卫过被围困的耶路撒冷，后来被派往梅利泰内，之后保卫幼发拉底河沿线。不过，当时该军团不叫"雷鸣军团"，而叫"霹雳军团"。这个名字最早出现在尼禄时期的铭文中。

  经历了与北方部族的长期斗争后，罗马帝国终于有了喘息的机会。被打败的部族同意归还在边境突袭中俘虏的罗马士兵。据说，夸迪人俘虏了多达五万

马库斯·奥勒留与被俘的马科曼尼人

罗马军团摧毁马科曼尼人的村庄

名罗马士兵。战后,曾负隅顽抗的一个邻近部族返还的罗马俘虏是夸迪人的两倍。马科曼尼的一些部族同意放弃旧家园,迁往拉韦纳附近的乡下。但没过多久,这些部族就厌倦了用耻辱换来的和平生活,又开始烧杀抢掠。对此,马库斯·奥勒留懊恼不已,认为自己养虎为患,还担心其他部族会效仿此种行为。

　　175年,马库斯·奥勒留仍然忙于处理战争善后工作时,东方传来了令人震惊的消息:行省总督阿维狄乌斯·卡西乌斯发动叛乱,企图占领整个行省,并且带走自己指挥的军团。在帕提亚战争中,阿维狄乌斯·卡西乌斯赢得了殊荣。在很大程度上,帕提亚战争的胜利归功于他的丰富经验和出色的作战能力。而当时的总指挥官卢修斯·韦鲁斯逍遥自在,在叙利亚行省的奢华场所流连忘返。最初,作为一名优秀的老练指挥官,阿维狄乌斯·卡西乌斯被委以重任,加强军纪,管束放荡不羁的罗马士兵,以免他们对民众造成比敌军更可怕的影响。阿维狄乌斯·卡西乌斯以雷霆之势毫不留情地遏制了军中的骄奢淫逸之风,禁止士兵在奢靡的达夫尼或在其他发生暴乱的场所随意闲逛,让他们拼命干活,不停地操练,还威胁说如果不唯命是从,就让他们在空旷的田野里过冬。不久后,英勇无畏的精神在军中传播。将士齐心协力,证明自己配得上在罗马史册中留下浓墨重彩的一笔。

卢修斯·韦鲁斯嫉贤妒能,有时会被士兵的鲁莽言语或冷嘲热讽刺痛。他也许发现阿维狄乌斯·卡西乌斯心怀不轨,并且终有一日会煽动忠诚的士兵叛变。于是,卢修斯·韦鲁斯警告马库斯·奥勒留要提高警惕,甚至敦促他在阿维狄乌斯·卡西乌斯威震三军前将其免职。马库斯·奥勒留当时的回信被记录在册,其单纯无私的性情由此可见一斑。这封回信的主要内容如下:

> 从你的信中可以看出,你对像我们这样的政府或皇帝感到害怕。如果阿维狄乌斯·卡西乌斯注定会登上皇位,那么任何反抗都是徒劳的。我们的祖先曾经说,皇帝不能杀死自己的继位者。如果阿维狄乌斯·卡西乌斯注定不能问鼎皇位,不忠行为会导致他失败。那么,我们凭什么仅靠怀疑就剥夺一位功臣的生命呢?你说,只有阿维狄乌斯·卡西乌斯死了,才能确保我的子孙后代安全。你错了。如果他比我的子孙更能赢得民众的拥护,为民众谋取更多福祉,那么我的子孙注定会灭亡。

马库斯·奥勒留并没有说空话。为了稳定军心,他赐予阿维狄乌斯·卡西乌斯掌管叙利亚行省和边境军团的指挥权,因为阿维狄乌斯·卡西乌斯平息了埃及叛乱,并且在阿拉伯半岛取得了胜利。

然而,实干家阿维狄乌斯·卡西乌斯似乎看不起学者型皇帝马库斯·奥勒留,认为他只不过是一个书呆子,与治理国家相比,他更适合参与言语上的争论。阿维狄乌斯·卡西乌斯还认为马库斯·奥勒留过于随和与宽容,无法严格监管臣属,也无法遏制官员欺上瞒下、贪得无厌的行为。在一封写给女婿蒂蒂乌斯·克劳狄乌斯·德里安提努斯·安东尼乌斯①的信中②，阿维狄乌斯·卡西乌斯详细讲述了自己对滥用职权之人的看法。不过，这封信的真实性无法确定。其主要内容如下：

> 马库斯·奥勒留非常令人敬重。他想做一位仁慈的皇帝，愿意宽恕性情恶劣的人。或许有人会问监察官③老加图去哪儿了？古代的严令酷刑又去哪儿了？这些制度很久以前就消失了，没有人想要复兴它们。因为马库斯·奥勒留把时间都花在了凝视星空、探讨自然与人类灵魂、正义与荣誉等问题上了。然而，他不善于治国理政。我们应该快刀斩乱麻，修理旁枝末节，使罗马帝国立于不败之地。至于各行省总督，如果他们认为国家赋予自己职位可以让自己一劳永逸、发家致富，那就让他们尽情享受吧！因为如果我的事业能够蒸蒸日上，他们就得把贪污所得交出来，装满国库。一位曾经像乞丐一样穷得叮当响的禁卫军军官，现在是不是富得流油啊？

没有确凿的证据就接受一个心怀不满的对手的看法非常危险。还有一种可能是，马库斯·奥勒留过于宽容与温和，未能迅速遏制下属滥用职权的行为。马库斯·奥勒留忙于对遥远的边疆发动战争，同时为忙里偷闲研究哲学感到窃喜时，政府机构也许已经运行不畅了。

当然，如果后世史学家收集的故事可信，那么我们可以推断，阿维狄乌斯·卡西乌斯绝对不是感情脆弱之人。他似乎因冷酷残暴而在军中闻名。他曾发明了一种令人胆战心惊的酷刑，用来惩罚掠夺者和逃兵：把他们钉在十字

---

① 阿维狄乌斯·卡西乌斯的女儿阿维蒂亚·亚历山德拉嫁给了蒂蒂乌斯·克劳狄乌斯·德里安提努斯·安东尼乌斯。——译者注
② 这封信至今仍保存完好。——原注
③ 监察官，古罗马的一种官职，主要负责监督政府财政、普查人口及维护公共道德。——译者注

架上，残忍地折磨他们。这对其他人产生了震慑作用。阿维狄乌斯·卡西乌斯对士兵要求严格，由于有将士未经批准就发动边境突袭，他竟处决了凯旋的将领。然而，如今谈论这些已经没有什么意义了，因为很少有人关心如何客观看待叛乱的失败者。人们或许更关注阿维狄乌斯·卡西乌斯的出身。阿维狄乌斯·卡西乌斯来自谋杀尤利乌斯·恺撒的卡西乌斯家族。像先祖一样，阿维狄乌斯·卡西乌斯痛恨君主制，为罗马帝国的权力被皇帝独掌而扼腕叹息。根据现在掌握的资料，我们无法推测阿维狄乌斯·卡西乌斯发动叛乱的动机，不能说明他是因为个人野心，还是出于更远大而无私的目的。在公众场合，阿维狄乌斯·卡西乌斯很少谈及马库斯·奥勒留，哪怕偶尔谈到，也非常恭敬。只是在民众对卢修斯·韦鲁斯的死因以讹传讹后，阿维狄乌斯·卡西乌斯才召集党羽发动叛乱。

不过，这场叛乱没有持续太久。刚开始，叛军来势汹汹，在叙利亚行省所向披靡，迅速占领了托罗斯山脉以外的地区。镇压刻不容缓。马库斯·奥勒留整装待发，准备正面迎击叛军，保卫危在旦夕的罗马帝国。这时，突然传来消息，说阿维狄乌斯·卡西乌斯被自己军中一名小军官杀死了。这名军官很可能是一名前来复仇的受害者，而不是其忠诚的手下。对这个消息，马库斯·奥勒留表现得很平静。对阿维狄乌斯·卡西乌斯的死，他表示很遗憾，但下令不准报复。为了子孙后代的安全，马库斯·奥勒留拒绝了小福斯蒂娜以满腔愤恨的口吻写信提出的严惩叛徒的要求。曾有传言说，是小福斯蒂娜煽动阿维狄乌斯·卡西乌斯造反。马库斯·奥勒留给小福斯蒂娜的回信很温和，但斥责了她充满报复性的言辞，提醒她仁慈是皇帝的神圣特权。他也以同样的笔调给元老们写信，告诉他们不会株连已故叛军首领的妻儿老小，也不会牵连其部下。马库斯·奥勒留非常希望没有人因叛乱而丧命，不愿改变自己仁慈的本性。他下定决心，再也不能让任何人流血甚至死亡了。马库斯·奥勒留不计前嫌，未追究参与过阴谋诡计的一些元老。对此，元老们感到喜出望外。他们详细记录了自己的感激之情和钦佩之意，言辞恳切，毕恭毕敬。此前，叛军的密信和加急信落入了叙利亚行省总督手中,也有人说是落入了马库斯·奥勒留手中。这些信是指证阿维狄乌斯·卡西乌斯的同谋者的致命证据,但为避免对幸存者造成恐慌,都被立即烧毁了。

安条克民众极力支持阿维狄乌斯·卡西乌斯。他们热衷于戏谑与嘲弄皇帝。对他们的背叛,马库斯·奥勒留感到深恶痛绝,一度下令禁止安条克民众做生意或举行娱乐集会。然而,不久后,为了恢复东部动荡不安的秩序,马库斯·奥勒留途经安条克时,参观了这座城市,态度也随之缓和。这是他登上皇位后,第一次踏足那么远的地方,徜徉在远古民族的记忆中。离开罗马前,马库

康茂德

斯·奥勒留授予了将来会继承皇位的康茂德护民官一职，然后才开始自己耗时一年之久的漫长征途。之后，随军的小福斯蒂娜在托罗斯山脉附近的一个小村庄薨逝。为了纪念她，这个村庄被破格提升为城市和殖民地。应马库斯·奥勒留的要求，罗马元老院通过了庄严的表决，将小福斯蒂娜尊为神。马库斯·奥勒留的一根纪功柱上雕刻着小福斯蒂娜被著名神带入天堂的情景。

在返程途中，马库斯·奥勒留到访埃及，在亚历山大港宽恕了曾经支持叛军首领的人。为了表示对他们的信任，他把女儿露西拉托付给他们照顾。在士麦那，马库斯·奥勒留希望能听到著名的埃利乌斯·阿里斯提得斯的演讲。这

埃利乌斯·阿里斯提得斯

位智辩家虚荣心特别强,只愿在有很多学生旁听的情况下发表演讲,还表示只要学生愿意随时可以鼓掌。马库斯·奥勒留非常乐意让学生们一起听演讲,甚至在埃利乌斯·阿里斯提得斯讲得慷慨激昂时,带头鼓掌。

在雅典,马库斯·奥勒留也留下了到访的足迹。他参加了厄琉息斯的神秘宗教庆典活动。那些庄严的仪式也许在他幻想的世界中投射出某些关于未知世界的新信仰或希望。

177年,马库斯·奥勒留在罗马休息了一年多,度过了一段平静时光。在此期间,为了纪念妻子小福斯蒂娜,马库斯·奥勒留建立了一个慈善机构,将其命名为"福斯蒂娜的姑娘们"。正是在这段时间,马库斯·奥勒留帮助儿子康茂德解决了婚姻大事。在罗马,人们可以看到一块浅浮雕。通过想象,雕刻家描绘了少女们簇拥在一位贵夫人周围,把谷物倒进其中一位少女展开的衣襟里的画面。这一年的钱币也记录了年轻的康茂德结婚后,在庆祝活动中对罗马民众慷慨解囊,当众焚毁了罗马帝国的国库债券。与此同时,康茂德还出资帮助在大地震中损失严重的士麦那重建,使其恢复了昔日繁华。

然而,北部边境很快便乌云密布。战事即将来临。罗马将士急切地期盼马库斯·奥勒留能重返战场。马库斯·奥勒留遵循古时的习俗,从战神神龛中取出血迹斑斑的矛头,带着它赶赴前线英勇杀敌。在罗马共和国早期,长矛本身就是战争的象征,而投掷长矛意味着战争开始。这一次,马库斯·奥勒留的努力再次得到回报——第十次获得"最高统帅"的头衔。战争似乎要取得最后的胜利了。然而,马库斯·奥勒留没能幸免于难。

180年,经过潘诺尼亚后,可能是在维也纳或者塞尔曼,马库斯·奥勒留病倒了,这也许是因为他感染了瘟疫。据古老的铭文记载,当时维也纳、塞尔曼的瘟疫并未被彻底消灭。像往常一样,迪翁·卡西乌斯喜欢讲述最恶毒的故事。他指控康茂德借医生之手毒杀父亲马库斯·奥勒留。然而,其他史学家只告诉我们,马库斯·奥勒留弥留之际,身为儿子的康茂德除了自私地想要迅速逃离,以躲避被传染,几乎没有表现出什么感情。驾崩前,马库斯·奥勒留床边聚集了

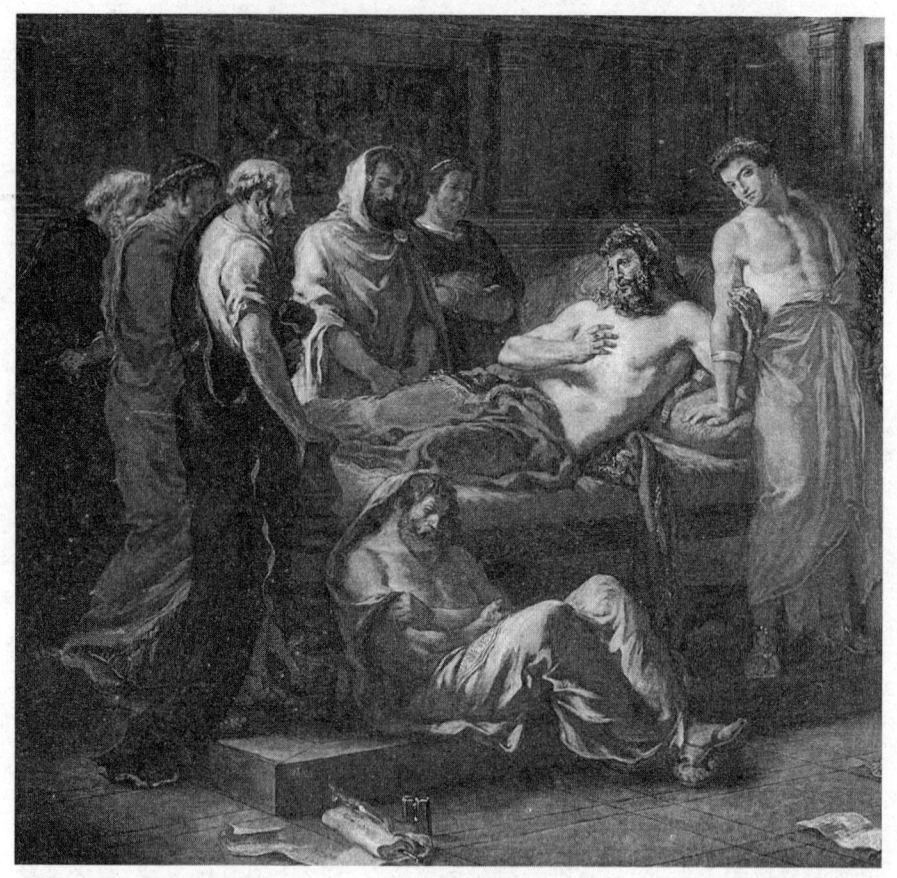

马库斯·奥勒留的最后时刻

很多朋友。他们问他希望谁来监护年轻的康茂德。他只说:"如果康茂德配得上,那就由你们监护吧!"然后,马库斯·奥勒留拉过斯多葛学派的斗篷盖在头上,从容地驾崩了。他不曾拥有健康的体魄。军营的艰苦生活、来去匆匆的旅途及多瑙河沿岸的严冬酷暑,让他饱受折磨。直到驾崩,马库斯·奥勒留完全是靠道德力量顽强地支撑着自己的精神,拖着疲惫虚弱的身体拼命处理政务。然而,现实的锐利刀锋最终还是磨破了他精神的剑鞘。

对马库斯·奥勒留的驾崩,罗马民众表达了前所未有的哀悼之情。然而,马库斯·奥勒留的传记作者说,送葬队伍经过街道这天,罗马民众并未流露出悲伤之情。因为他们相信,神只给了马库斯·奥勒留一段时间留在人间,然后很快就把他带回去位列仙班了。这位传记作者对后来的皇帝戴克里先①说:"您应该把马库斯·奥勒留当作特别的神来崇拜,祈祷能拥有像他一样的美德。柏拉图作为哲学家成绩斐然,却无法与作为统治者的马库斯·奥勒留相提并论。"

戴克里先

---

① 戴克里先(244—312),罗马帝国皇帝,使罗马帝国摆脱了外敌入侵、内战及经济崩溃的危机,建立了四帝共治制度,让罗马帝国的统治得以持续下去。——译者注

为了纪念马库斯·奥勒留率军战胜了边境强大的敌军,罗马帝国政府在罗马建立了多座宏伟的纪念碑。其中,有一座纪念碑屹立近一千五百年,直到教皇亚历山大七世下令将其推倒,因为它可能会阻碍狂欢节期间蒙面狂欢的民众通过。一位现代作家说:"这座纪念碑幸运地躲过了蛮族的破坏,历经中世纪和文艺复兴保存下来,却毁在一位胆大包天的教皇手中,而这位教皇还天真地认为自己做了一件有功之事。"不过,好奇的人仍然可以在这座纪念碑的遗址中找到相关铭文。

教皇亚历山大七世

教皇西克斯图斯五世

　　还有一座纪念碑迄今仍屹立不倒。然而，罗马教廷曾试图剥夺属于马库斯·奥勒留的荣耀。教皇西克斯图斯五世曾下令在马库斯·奥勒留纪念碑上刻下安敦尼·庇护的名字。该纪念碑参照图拉真纪功柱，由互相堆叠的大理石圆柱组成，圆柱呈螺旋形盘绕。上面刻有一系列浅浮雕，展示了马科曼尼战争的场景。关于这场战争的文献记录太少，所以我们很难如实地还原其场景。这些浮雕栩栩如生地展示了罗马军团不断取得的成功，却没能公平地表现日耳曼和萨尔马提亚部族年复一年为罗马帝国提供军事物资。其中,有一组浮雕经常以不同的形式出现。这组浮雕描述的是罗马军团在多瑙河流域的荒野行军受阻的场景。多瑙河及其支流的宽阔水流、未开垦的森林和危险的沼泽,常常以象征性的形式出现在圆柱上。在罗马民众心中,承认遇到阻碍与危险并不会给他们像雄鹰一样的军团带来耻辱。

作为统治者,马库斯·奥勒留对战利品没有多大兴致,但对沉思或冥想非常感兴趣。他的传世之作《沉思录》意义非凡,反映了他日常生活中灵光一现的想法。纪念碑上记载了马库斯·奥勒留利用一切机会随时随地沉思:闲暇时或者沉闷单调的冬季,大战前夜的主帅营帐里或者多瑙河的沼泽中。《沉思录》没有行云流水的文风,没有华丽的辞藻,也没有以辩证法的藩篱为背景的哲学体系。不过,它是马库斯·奥勒留灵魂的真实写照,揭示了他的优点和缺点。在冥想中,马库斯·奥勒留一人分饰多种角色,包括被告人、证人、辩护人和法官等角色。

毕达哥拉斯学派[①]一直推崇自我反省。苏格拉底就以一种传教士式的热忱进行了自我反省。自此,自我反省几乎成了一种司空见惯的现象,并且像罗马教堂里的忏悔一样成为公认的虔诚义务。对马库斯·奥勒留来说,自我反省是一生的习惯,贯穿于他的全部思想和行为中。他会时不时地问自己以下问题:

> 到目前为止,你是如何对待神、父母、兄弟、孩子、老师、乳母、朋友、亲戚和奴隶的?想想迄今为止你对所有人的所作所为,回忆一下你的人生经历及你承受的事情,讲述一下你的整个人生历程。
>
> 你即将走向生命的终点。想想看你见过多少美好的事物?又蔑视过多少人的喜怒哀乐?有多少荣誉是世人推崇而你不屑一顾的?你又对多少心怀不轨之人以德报怨?

---

① 毕达哥拉斯学派,公元前6世纪,由毕达哥拉斯及其追随者创立的神秘主义和形而上学的思想学派,对柏拉图主义有重要影响。——译者注

通过这样的思考，马库斯·奥勒留感激照顾年幼的自己、帮助自己塑造性格或丰富思想的人，感谢善良的父母、老师、亲戚、朋友，衷心地感谢神派他们来关爱自己。与此同时，他也密切关注他们每个人的道德品质。

马库斯·奥勒留谈到了母亲心虔志诚、性格温顺。她敏感机智，总能逢凶化吉。她生命短暂，人生的最后几年是与儿子一起度过的。她非常注重保护儿子的幼小心灵，不容许其纯洁性被世风玷污。

真诚地写出下面优美句子时，与养父安敦尼·庇护二十年的生活场景始终浮现在马库斯·奥勒留脑海中。

作为安敦尼·庇护的学生，要记住他雷厉风行的做事风格，他的公正无私、诚实守信、慈善祥和、笑容可掬及融会贯通。他也从不贪慕虚荣。他绝不允许未经详细审查、一知半解的事情通过审批。他无法忍受无端指责他人却不会自我批评的人。

他处事总是不慌不忙，非常沉稳。他从不听信谗言，坚持以身作则。他不会羞辱他人，不胆小怕事，不疑神疑鬼，也不诡言善辩。他为持有不同政见的人广开言路。有人示好时，他会很容易开心满足。他是虔诚的信徒，却不迷信。如果参照这些优点，你的人生也能像他一样问心无愧。

最后，马库斯·奥勒留对年迈的养父安敦尼·庇护表达了感激之情。安敦尼·庇护认为公立学校存在风险和不确定性，宁愿花大价钱请当时国内最好的家庭教师教导马库斯·奥勒留。

追忆这些经历时，马库斯·奥勒留并不在意学习知识的次序，也不在意从每位老师身上学到了多少知识技能，而是试图记住老师们用活生生的例子给自己的性格留下了什么样的道德烙印。

马库斯·奥勒留说，老师们教会了他对斗兽场或角斗士的激烈战斗鄙夷不屑，教会他要"吃苦耐劳，知足常乐；要自力更生，不对他人指手画脚，也莫要轻信谗言"。克劳狄乌斯·狄奥涅图斯将马库斯·奥勒留的注意力从毫无意义的琐事中转移出来，帮助他了解哲学，让他体会苦行训练、穿粗衣布衫、睡硬板床的意义。同时，马库斯·科尔内留斯·弗龙托引导马库斯·奥勒留注意到了"暴君的嫉贤妒能、口是心非和虚情假意，以及贵族的冷酷无情和六亲不认"。从塞克斯特斯·尤利乌斯·塞维鲁那里，马库斯·奥勒留学会了崇拜先贤哲人，如普布利乌斯·克洛迪乌斯·特拉塞亚·帕埃图斯、赫尔维乌斯·普里斯库斯、老加图和马库斯·尤尼乌斯·布鲁图斯等人。"我从塞克斯特斯·尤利乌斯·塞维鲁那里学到了法律面前人人平等、言论自由、君主政体的政治理念。"在自己的求学回忆录中，马库斯·奥勒留提到尤尼乌斯·鲁斯提库斯为他介绍了爱比克泰德[①]的思想，让他受益良多，尤其是使他看到了智辩家在模仿和炫耀中的虚荣心。在阿波罗尼奥斯·狄斯克鲁斯的例子中，马库斯·奥勒留看到一个人既可以坚定不移，又可以轻易屈服。

马库斯·奥勒留身边有一位老师，其认为自己在教学方面的才能是所有优点中最微不足道的。从这位老师那里，马库斯·奥勒留学会了"如何理直气壮、名正言顺地从朋友那里得到自己想要的东西"。从塞克斯特斯·尤利乌斯·塞维鲁身上，马库斯·奥勒留学会和蔼可亲、彬彬有礼，还学会了"慈父式的治国策略，即顺应自然、严肃而不做作。塞克斯特斯·尤利乌斯·塞维鲁给人的感觉很平易近人，他总能令人愉快，却不需要任何阿谀奉承。因此，与他交往的人总是对他非常恭敬"。

语法学家科蒂艾乌的亚历山大从未"斥责出言不逊之人，却巧妙地教会了马库斯·奥勒留如何应答或表达赞同，告诉他要探究事情本身而不要深究遣词

[①] 爱比克泰德（55—135），罗马帝国时期斯多葛学派哲学家，是继苏格拉底之后对西方伦理道德学说的发展贡献最大的哲学家。他的思想对后来的哲学与宗教都产生过深远的影响。——译者注

爱比克泰德

造句"。在卡西乌斯·马克西姆斯·提利乌斯①身上，马库斯·奥勒留学会了乐观向上，认为"老师的品性体现了温文尔雅与自尊自爱的完美结合"。卡西乌斯·马克西姆斯·提利乌斯宽厚仁爱、一言九鼎，近乎完美，无可指摘。

最后，对早年所有对自己产生影响的人做了长篇总结后，马库斯·奥勒留感谢神赐予的一切，感谢神赐予自己"天赋与灵感"，使自己肩上的负担显得没有那么沉重。他还表示，"如果我有不足，那便是自身缺陷所致，或者因为没有遵从神的指示"。

读过《沉思录》剩余部分后，很少有人会认为马库斯·奥勒留是在书中自鸣得意地细数自己的好心性，或者为自吹自擂披上一件体面的外衣。毫无疑问，不断反省的习惯可能会产生虚荣心，或者至少会导致病态的持续以自我为中心的想法。这会给淳朴而自然的正常行为造成严重的负面影响。不过，从这个角度来看，马库斯·奥勒留并没有受到什么影响。在他晚年的言辞中，仍能发现他年少时坦率的品质。对虚伪和欺骗，他深恶痛绝。他希望有一个"清如水、明如镜"的灵魂，给人以胸襟开阔的印象。

马库斯·奥勒留也有过困惑："为什么每个人都爱自己胜过爱他人，却不重视自我反省，而是更注重对世界的看法？如果神或满腹经纶的学者喜欢各显所长，却不允许他人独出心裁，这是任何人都无法忍受的。与自我评价相比，我们更尊重他人对我们的看法。我们过分地关注他人对自己的评价。"

认真研究一个人的道德品行，剖析其动机与目的时，确实潜在一种风险，那就是往往会发现人是如何卑鄙无耻、自私自利与烦躁多疑。如果撕开骄傲自大的知识分子的伪装，我们会发现他们只不过是一些自私的蛀虫。在这些沉思中，我们能否发现马库斯·奥勒留的自卑与痛苦呢？能否发现他对世人的卑劣恶习不屑一顾呢？

像马库斯·奥勒留这种高贵纯洁之人，对邪恶肯定非常敏感，并且难免会

---

① 卡西乌斯·马克西姆斯·提利乌斯，2世纪末希腊哲学家、雄辩家。——译者注

经常提到自己遇到的邪恶之事。"每天早晨我都会对自己说，我会遇到形形色色的人。他们可能会爱管闲事、忘恩负义、傲慢无礼、阴险狡诈、嫉贤妒能。"不过，马库斯·奥勒留总能找到宽厚待人的理由。他似乎体弱多病，疲惫不堪，经常对时弊与令人不快的政务深恶痛绝。

  人们会为自己寻找隐居的地方，如乡间农舍、海边小屋或山中住所。你自己也非常渴望这种居所……在自己的掌控范围内，你随时可以选择隐居，因为没有什么地方能比沉浸在自己灵魂深处更安静，更自由。那么，经常沉思吧，让自己重新焕发生机。坚持简洁的基本原则，彻底净化灵魂，把自己从生活的不如意中解脱出来。

马库斯·奥勒留会从一个更远大、更有希望的角度来看待事物，从而得到安慰与宁静。

  若是前进之路布满荆棘，那就离它们远点。不要自己找麻烦。世界为什么会困难重重呢？因为你会被内行人取笑。例如，你对木匠或鞋匠吹毛求疵，在他们面前指指点点，他们就会耻笑你，因为你看到的刨花与木屑是加工过程中剩余的边角料。

马库斯·奥勒留告诫自己要效仿神的宽容之心。

  长生不老的神不会自寻烦恼。因为在漫长的岁月里，神肯定宽恕过各种各样的人，其中包括很多坏人。同时，神还要以各种方式照顾这些坏人。然而，命中注定你会很快死去，你是否厌倦了世间的痛苦？作为世间的一分子，你会对它产生厌倦之意吗？

一想到人世间的美好品德与高尚情操，马库斯·奥勒留就会感到心满意足。

如果想让自己快乐，就想想你身边人的高尚美德吧。例如，有人高风亮节，有人虚怀若谷，有人慷慨大方。凡此种种，不胜枚举。没有什么比周围人躬身示范优良的美德更令人开心的事了。

然而，马库斯·奥勒留过于忧国忧民，以至无法全身心地投入沉思，因为过于忧国忧民会使他丧失做好本职工作的信心。他告诫自己，"不要做一个喋喋不休、日理万机的皇帝"，而要做"一个随时响应召唤的罗马统治者"。或者"我可以在不想起床的清晨冥想，做一个奋发有为的人。我来到这个世界就是为了完成神赋予我的使命，对此我怎么会有不满情绪呢？难道我生来就是为了躺在床上安逸享乐的吗？爱好各种才艺的人总是废寝忘食、不修边幅，把自己弄得筋疲力尽。不过，在我看来，国计民生并非微不足道，所以怎么会不愿花费精力去认真对待呢？"又或者，"伟大的神会帮助我们远离昏庸无能"。

马库斯·奥勒留聪明睿智善于用哲学思想充实自己的头脑。我们很难用一两句话概括他塑造人性的伟大理想。

出身贫寒、自以为是的哲学家型政客的人生毫无意义。……不要期待实现柏拉图口中的"理想国"，要知足常乐，记住天下无小事。没有人能改变别人的观念。如果不改变观念，那么除了无病呻吟的人，我们还能看到什么呢？不要认为我傲慢无礼。哲学的本质是简单、朴素。

马库斯·奥勒留认为哲学的目标非常保守，与所有乌托邦式的幻想形成鲜明对比。我们可以从一篇文章中找到证据：

如果你对残暴不仁者始终和蔼可亲,那么他会如何回报你呢?当他试图伤害你时,你温和地劝告他,平静地纠正他的错误,说:"不要这样,我的孩子!我们生来就要尽职尽责。我不会因此受伤,你却在伤害自己。"机智、温和并且简洁明了地告诉他,事实确实如此。即使蜜蜂也不会像他那样忘恩负义。任何有良知的人都不会做忘恩负义的事。你要心甘情愿地纠正他的错误,不能心怀怨恨,不能表现出像是在刻意教训他,或者是博得旁观者的仰慕。

"像天堂一样的罗马帝国不是通过观察得来的。"高尚的道德情操能流传后世,不是靠三十个军团统帅的铁拳手腕,也不是靠罗马帝国立法者的高声疾呼,而是得益于马库斯·奥勒留的仁爱、慈悲之心。他没有发表教科书式的陈词滥调,而是像往常一样,用温文尔雅、满腔热忱的温柔话语谈论慈善行为。他的遣词造句像"福音"一样,用朴实无华的词语带给我们文采斐然的感觉。他说:"你要想自己不仅是世界的一部分,也是人类的一分子。否则,你就无法发自内心地爱别人。行善本身并不能使你快乐,不是为了自身的利益。"有一句至理名言说,"一方有难,八方支援"。"像狗追踪猎物或者蜜蜂酿蜜一样,做善事不是为了向人炫耀,而是希望能够将善行传递下去。如果他人不知道你乐善好施,你还算是行善之人吗?是的。"正所谓"事了拂衣去,深藏功与名。"

对宽恕他人,马库斯·奥勒留的看法是:"当一个人对你做了不该做的事时,你要立即想一下他这样做是出于善意还是恶意。对这种事,你要怜恤他,既不深究原因,也不生气。宽恕他是你的义务。"用基督教教徒的话来说就是:"宽恕他们吧,因为他们不知道自己在做什么。"或者是:"如果有人要杀你,诅咒你……如果一个人站在纯净的泉水边诅咒它,泉水绝不会因此而停止输送有益健康的水。如果他往泉水里投泥土或杂物,泉水便会迅速将其分散,冲刷干净,不会受到污染。"马库斯·奥勒留的看法与"愿神保佑诅咒你、恶意利用你的人"如出一辙。

正是对慈善与仁爱的持续热情使马库斯·奥勒留没有陷入奢靡的痛苦中，并且使他意识到世间所有转瞬即逝的利益都是微不足道的，因为他常常有一种神秘的感觉，觉得自己只是一个陌生人——一个行走在如梦似幻旅途中的朝圣者。

想想韦斯巴芗执政时期，人们看到的情景是这样的：结婚生子、生老病死、战事延绵、大摆宴席、非法买卖、阿谀奉承、怀疑猜忌、阴谋诡计……囤积财富、满腹牢骚。其实，这些人的生活早就不存在了。那就看看图拉真时代吧。同样，这个时代的生活也烟消云散了。纵观其他时代和所有国家，我们可以看到，在人们不懈努力后，很多问题解决了，很多矛盾也化解了……最终，所有事情都会随风而逝，逐渐淡出人们的记忆。那么，我们活着的人为什么还要倾尽全力呢？原因就是我们奋发向上、勇于担当、言而有信并安于现状。

在其他文章中，马库斯·奥勒留也写过类似的话，语气更悲伤，但寓意一样。

很快，你就会成为骷髅，化成灰烬，变成墓碑上的一个名字，或者甚至连名字都没有……我们生命中珍视的一切都是虚无缥缈、腐朽琐碎的，就像小狗互相撕咬，孩子斗嘴大笑，然后马上张嘴大哭一样转瞬即逝。连忠诚、谦逊、正义及真理也会随风而逝。那么，还有什么能把你困在此处呢？……在这个世界上，名扬四海是一件毫无意义的事。那么，无论是消亡还是变成其他东西，为什么都不能平静地等待天命所归呢？在此之前，拥有多少才算足够呢？除了敬重神，祈求保佑，与人为善，宽大为怀及自我约束，还有什么可做的呢？

马库斯·奥勒留厌倦了书本知识、宫廷生活、辉煌成就和征服者的野心，以及他人的盲从任性。

如果有任何事情可以吸引我们，那就让我们与志同道合的人生活在一起吧。然而，现在看到世人带来的麻烦这么大，你可能会说："死神啊，快来吧，否则我会丧失自我。"

"贪慕虚荣！除了虚荣，还是虚荣！"马库斯·奥勒留似乎在告诉人们："要保留敬畏之心，要慈善仁爱，自我约束。"他也持之以恒地忠实于斯多葛学派，坚信神会引导人们积极向善，尽管神给人的感觉是神秘莫测的。

马库斯·奥勒留性格的独特之处在于其对宗教持有乐观的态度。这既可以满足他对理性的追求，又能激起他的爱心，有时还能使他内心充满柔情与仁爱。"宇宙啊，一切与你和谐统一的事物必能与我和谐相处。对你合适的时间，对我来说既不早也不迟，刚刚好。大自然啊，对我来说，你一年四季带来的一切都是硕果。万物皆源于你，又皆归于你。有位诗人说，'亲爱的凯克洛普斯之城'，难道不应该称它为'亲爱的宙斯之城'吗？"又或者说："如果没有神，活在这个世上有什么意义呢？……事实上，神确实存在。神关心人类，尽其所能使人类弃恶从善。"一想到自己可以悔过自新，拥有高尚的道德品质，马库斯·奥勒留就会感激涕零。"假设你已经把自己从自然的统一体中分离出来，那么别忘记要不遗余力地把自己与自然重新统一起来。神本不允许任何分裂的部分重新组合在一起，但想想神对人类是多么仁慈吧！神赋予了人类和宇宙永不分离的力量，一旦分离，会允许二者重新归位的。"

对自然的虔敬之心和微妙柔情，使马库斯·奥勒留在古代缺乏美感的世界中找到了可爱之处。即使是遵循自然生长规律的事物，也包含令人愉悦和引人注目的一面："无花果熟了会裂开嘴，成熟的橄榄树下腐烂的土壤为其果实增添了一种独特的美，压弯腰的谷物穗，狮子的眉毛，野猪口中流出的泡沫……

自然形成的事物会反过来点缀自然，使自然赏心悦目。同时，一个人的情感及深刻的洞察力也会令人身心愉悦……凡是按照自然规律去做的事，凡是一个人乐意去做的事，几乎没有一件是不顺心的。"这些想法已经超越了马库斯·奥勒留从斯多葛学派老师那里所学的知识。他们告诉他，世界由一位才智超群的人统治，而与此人保持一致是人类的特权，也是人类的责任。阐述对自然界的看法时，老师们面无表情，冷若冰霜。马库斯·奥勒留却用自己的语言美化了老师们的观点。斯多葛学派的老师们向马库斯·奥勒留展示了如何沉着冷静地面对生活中的种种不堪，如何坚强而镇定地直面死亡，而不是盲目地傲慢自大，努力去克服人性中的致命缺点。然而，有一个温柔而谦卑的声音在呼喊："顺应自然规律，度过人生的短暂时光，心满意足地结束人生的旅程，就像一颗成熟的橄榄会掉落一样，祝福孕育它的大自然，感谢滋养它的大树。"

然而，在马库斯·奥勒留的《沉思录》中，我们总会被某种忧郁情绪困扰。阅读马库斯·奥勒留诚挚的话语时，一种悲伤总会萦绕在心头。马库斯·奥勒留的很多期望和抱负是斯多葛学派观点无法企及的。他深深地感到靠自己的智慧无法恰当地推理所有问题。"神既然为人类安排好了一切，为什么却唯独忽略了一点呢？一些非常虔诚的人，或者说能与神有效沟通的人，通过虔诚行为和宗教礼仪与神亲密接触的人，一旦死去，就永远无法复活，最终烟消云散。"马库斯·奥勒留很想静下心来消除疑虑，但认为自己的逻辑推理能力不强，难以令人信服。"如果自然规律本该如此，如果还有别的可能，神应该会做出那样的选择……然而，如果自然规律本不该如此，你就应该相信事实本不应该如此。"

有时，马库斯·奥勒留会悲伤地承认自己孤立无援。因为性格和地位决定了他难免会有高处不胜寒的感觉。"就像生活在山峰上一样……让人们看看，身居高位者也要符合自然规律，顺应民心。民众如果无法接受他，那就杀了他吧。因为死亡总比碌碌无为地活着要好。"又或者说，"在临终前，你会考虑自己是否顺应了民心。如果得到了肯定的答案，你就会很满足。你会想：'终于要离开这样的生活了。即使是我为之奋斗、祈祷的子民,也希望我离开,希望能从我的死亡中获得一些好处。那么,我有什么理由坚持活下去呢?'"

出于自然本能,马库斯·奥勒留从对人类的同情转向与永恒的神交流。通过一系列选择,他找到了一种自我安慰的方式。他相信宇宙意识、抽象神源于万事万物,与大千世界交相辉映。这些想法虽然可能会让马库斯·奥勒留保持理智,但很难触动他的心灵。马库斯·奥勒留并不满足于使用毫无情感的冰冷语句。他坚持将抽象词语与拟人化的想象形式和色彩结合。因此,他的作品除了富有逻辑性,还兼具情感色彩。当时,信仰基督教的贫穷工匠和自由人对上帝充满纯真的信心。然而,街上的暴民叫嚣着要杀掉基督教教徒,激发了坐在审判席上反对基督教的冷漠又不负责任的人的迫害热情。不过,基督教教徒想到了一个人——耶稣。耶稣称他们为朋友和兄弟,引领他们走上朝圣之

耶稣

路。在耶稣永恒之爱的沐浴下，基督教教徒得到了安慰。基督教教徒将死者埋葬在地下墓穴中，在粗糙的墙壁上寻找十字架的标志或"好牧人"耶稣的象征。然而，他们没有疑虑重重，也没有莫名渴望。因此，在生死面前，基督教教徒比高傲的罗马皇帝更加幸福。面对死亡时，基督教教徒怀有一种发自内心的骄傲。

不幸的是，如此优秀的马库斯·奥勒留有一位与他格格不入的继承人。更令人难过的是，这位不称职的继承人是他的儿子康茂德。罗马帝国皇帝尤里安曾问道，为什么贤明的统治者不能摆脱任人唯亲的想法，选择一位更合适的年轻人来接替自己，而不是选择一个自私的家伙？然而，这种人很快就会被证实为像角斗士一样疯狂的暴君。马库斯·奥勒留有一个女婿，叫提比略·克劳狄

尤里安

提比略·克劳狄乌斯·庞培亚努斯

乌斯·庞培亚努斯[①]。此人是一名军人，也是一位资深政治家。如果不选提比略·克劳狄乌斯·庞培亚努斯作为继承人，罗马还有许多特别合适的人选，就像马库斯·奥勒留年幼时被挑选出来由安敦尼·庇护收养并抚养成人一样。马库斯·奥勒留在安敦尼·庇护身边生活了很多年。安敦尼·庇护亲自教导他，使他能够胜任绝对权力的职责。马库斯·奥勒留在多瑙河流域征战时，康茂德尚在襁褓中。从小，康茂德就生活在卑躬屈膝的仆人的谄媚中。怎么能对这样一位毫无经验的年轻人寄予厚望，认为他有足够的智慧或自制力为数以百万计

---

① 卢修斯·韦鲁斯驾崩后，露西拉嫁给了提比略·克劳狄乌斯·庞培亚努斯。——原注

的民众谋福祉呢？罗马民众中流传着一个故事，表明康茂德的残暴初现端倪。一次，负责为康茂德准备洗澡水的仆人没能按照要求完成任务。康茂德勃然大怒，命人将其扔进火炉里。幸亏一名侍从想了一个好办法，用羊皮替换了这个可怜的仆人。烧烤羊皮的气味让他们蒙混过关，救了这个仆人一命。无论真假，这个故事都足以说明康茂德残暴不仁，也表明了康茂德几乎不可能继承马库斯·奥勒留的美德，并且将其延续下去。

妻子小福斯蒂娜会像康茂德一样令马库斯·奥勒留蒙羞吗？如果我们相信一直在流传的老掉牙的故事，那么答案就是肯定的。传说，小福斯蒂娜荒淫无度，是罗马民众茶余饭后的谈资，也是舞台演员肆意嘲弄的对象。甚至有人说她勾引了阿维狄乌斯·卡西乌斯，并怂恿他发动叛乱。最后，小福斯蒂娜因发现自己的恶行将暴露而畏罪自尽。

不过，我们有理由怀疑小福斯蒂娜的秉性绝非如此，因为几乎没有证据表明她荒淫无度。在马库斯·奥勒留的回忆录中，一段引人注目的话以一种完全不同的语气提及小福斯蒂娜。独自身处多瑙河河畔的军营时，马库斯·奥勒留脑海中会浮现出亲人、朋友和老师的身影，这些人曾以身作则地引导过他。在感谢神赐予自己的一切时，马库斯·奥勒留并没有忘记赞美自己的妻子：她是"那么温顺、深情、单纯"。在马库斯·科尔内留斯·弗龙托信中描绘的皇帝宫廷生活的动人画面中，小福斯蒂娜是一位典型的贤妻良母。在自己记录的文字中，小福斯蒂娜表现了对阿维狄乌斯·卡西乌斯叛乱的深恶痛绝。对丈夫的殷切思念之情和对叛徒的仇恨痛斥之意形成了鲜明对比。史学家在豪兰铭文中发现的证据消除了评论家长久以来对小福斯蒂娜真实性情的猜疑。在马库斯·奥勒留或罗马元老院为纪念小福斯蒂娜而铸造的无数勋章中，她时而是女性谦逊的象征，时而是爱与美的化身。无论阿谀奉承之风多么盛行，都不足以让小福斯蒂娜得到这么多的荣誉。关于她的丑闻如果是真的，一定会招致罗马民众的嘲讽。实际上，若干年后，罗马街头确实流传着许多令小福斯蒂娜名誉扫地的故事。一位已故著名史学家被指控抹黑了她。迪翁·卡西乌斯也经常在书中罗列许多诽谤小福斯蒂娜的内容。因此，在阅读迪翁·卡西乌斯对小福斯蒂娜的描述时，我们要持谨慎的态度。一个世纪后，撰写奥古斯都时代历史的史学家人云亦云地重复着这些故事，公然承认自己写的只是当时的传言，并没有亲自验证过。然而，后来的编年史完全不提传言与否，直接把小福斯蒂娜描述成另一个"瓦莱里娅·梅萨利娜"①。后来的史书多数都只是重复毫无甄别力的史学家们毫无根据的论断。那么，如此严重的指控会不会仅仅是空穴来风呢？我们可能会注意到，小福斯蒂娜以自己高贵的出身和时尚的品位为骄傲，不喜

瓦莱里娅·梅萨利娜

---

① 瓦莱里娅·梅萨利娜，罗马帝国第四任皇帝克劳狄乌斯的皇后，因荒淫无度被处死。——原注

欢众星拱月般围拢在丈夫身边的哲人。她鄙视主张禁欲的哲人的态度引起了他们的愤慨。他们可能会从道德上谴责小福斯蒂娜。后来，这种谴责流传到史学界，并且影响了史书的论调。街上的乌合之众有时会对马库斯·奥勒留的沉着冷静感到心烦气躁。当马库斯·奥勒留对流行的消遣娱乐毫无兴致，甚至试图减少诸如角斗等血腥活动带给人们的刺激时，他们就把小福斯蒂娜的荒唐传闻拿出来当笑话讲。此外，他们一致认为小福斯蒂娜的丈夫马库斯·奥勒留是一个严肃的哲学家和十足的书呆子，必然无法理解她的需求，所以她从其他地方寻求慰藉也就在所难免了。后来，康茂德的残暴本性暴露无遗。罗马民众想起以前关于他的所有流言蜚语，说他肯定不是已故明君马库斯·奥勒留的亲生子。尽管深切怀念马库斯·奥勒留，但罗马民众没有为小福斯蒂娜正名。

第6章
罗马帝国政府对基督教教徒的态度

精彩看点

基督教教徒最初并没有遭到迫害——尼禄折磨基督教教徒——基督教教徒遭到指控——基督教教徒的行为被故意曲解——基督教被全面禁止——罗马帝国政府无法信任基督教的原因——宫廷与民间对基督教的相反态度——波利卡普殉教——高卢、维也纳和卢格杜努姆的迫害风暴——讽刺诗人卢奇安笔下的基督教——哲学家塞尔索抨击基督教教义——基督教拥护者的努力——查士丁殉教一个多世纪以来，罗马帝国政府几乎没有将基督教看作一个独立的宗教，只是把它当作犹太教的一个分支，曾怀疑过它，也曾蔑视过它，但并未迫害基督教教徒。对罗马帝国的统治者来说，基督教确实令人生厌，因为当时的基督教教徒不易管理。经历过一场几乎被灭族的可怕斗争后，基督教在犹太行省、塞浦路斯和埃及的激烈叛乱中兴起。在所有大型手工业中心和贸易中心传教时，基督教教徒给当地人留下了一些不好的印象。然而，对基督教教徒来说，他们的宗教是受人尊敬的。因为罗马帝国的政策是，罗马公民崇拜的所有神都可以供奉在万神殿，都可以和平共处。

　　基督教教徒在罗马街头开展传教活动，动摇人们的传统信仰时，政府部门开始介入，制止并惩罚扰乱公共秩序的人。共和国时期，罗马元老院和罗马执政官经常采取措施阻止信仰东方国家宗教的人定居罗马。罗马帝国初期，统治者采取同样的措施捍卫本国的宗教信仰不受宗教狂热分子的威胁。例如，奥古斯都统治时期，大量传播粗俗迷信的异教徒被驱逐到撒丁岛。当时，撒丁岛瘴气弥漫。被驱逐到这里的人只能听天由命。克劳狄乌斯[①]统治时期，有记载

[①] 克劳狄乌斯（前10—前54），罗马帝国第四任皇帝。——译者注

显示犹太人发动暴乱，政府甚至颁布了一项简易法令将犹太人全部驱逐出境。罗马帝国历史学家苏埃托尼乌斯用"冲动的基督教教徒"这样的字眼描述某次由克瑞斯图斯煽动引发的骚乱。这次骚乱很可能是由针对基督教新教义产生的激烈争论与分歧引发的。由于引发骚乱的人各奔东西了，骚乱很快平息下来。最新颁布的驱逐犹太人的法令也随之撤销了。此后，在合法的犹太教庇护下，新兴基督教教会竟然没再引起政府的注意，也没有受到攻击，悄无声息地发展了一段时间。罗马帝国的统治者和罗马民众常常把基督教与犹太教混为

苏埃托尼乌斯

一谈。然而，从庞波妮亚·葛莱西娜的故事可以看出，宗教的排他性可能无法彻底跨越民族和社会阶层的障碍。庞波妮亚·葛莱西娜是一位罗马贵妇，因私自改信其他宗教而被丈夫奥鲁斯·普劳提乌斯及亲属组成的家庭会议控告违反了罗马律法。被宣判无罪释放后，庞波妮亚·葛莱西娜远离俗世，常年过着与世无争的冥想生活。信奉基督教的历史学家普遍认为，从信奉其他宗教的作家略带轻蔑的描述中，可以了解早期基督教信仰。

  尼禄残暴不仁的故事以更加骇人听闻的语言描绘了罗马民众对基督教日益加深的仇恨和基督教在初期面临的各种危险。这种记载首次清晰地出现在

尼禄

古典历史学家的书中。尼禄肆无忌惮地折磨基督教教徒，目的是想通过嫁祸可怜的基督教教徒和自由民，转移人们对那场导致成千上万人无家可归的大火①的注意力，或者至少减轻民众的不满情绪。塔西佗说："基督教教徒遭受

尼禄与罗马大火

---

① 指64年罗马城发生的大火，这场大火几乎导致整个罗马城化为焦土。当时很多人都认为，尼禄为了兴建富丽堂皇的金宫，故意派军队放火。——译者注

波培娅·萨比娜

迫害,并不是因为他们真的犯了纵火罪,而是因为他们对其他人怀有敌意。"尼禄肆意残杀,很可能是因为其皇后波培娅·萨比娜曾遭受犹太人的嫉妒。在重视礼教的新时期,罗马民众为什么越来越敌视基督教教徒呢?

当时,犹太人无法与西方民族和平相处。罗马、亚历山大港及其他大城市,特别是人口稠密的地方,经常发生冲突和骚乱。犹太人特有的习惯引起了其他宗教信仰者的反感。对犹太人的勤劳节俭和高尚道德品质，其他宗教信仰者视而不见。犹太人信奉一种古老的民族宗教。只要他们能安静地待在自己的圈子里，这种宗教就能延续下去。从表面上看，基督教教徒与犹太人来自同一民族，具有相同的风俗。然而，实际上，基督教教徒执意将自己与犹太人分离开来，甚至与其保持一定距离。基督教教徒围绕精神信条的优点进行的无意义争论耗尽了世人的耐心，他们自己也为此付出了巨大的代价。基督教教徒如果背弃最初的信仰，即犹太教，就必须放弃保护犹太人的法律权利。

除此之外，基督教教徒很难与周围的人融洽相处，因此难免会激起他人的反感情绪。基督教教徒如果不想违背自己的原则，或者不想让自己庄严的宗教崇拜形式使他人感到震惊，就必须避免与朋友和邻居欢聚一堂。信奉基督教的罗马人一生中有很多重要的家庭仪式，但作为基督教教徒，他们不能参加表示祝福或哀悼的家庭仪式，因为基督教教义不允许教徒触碰不洁之物。即使是喜庆的节日里，对欢乐气氛，基督教教徒也显得无动于衷，因为他们不能在祭坛上做礼拜，也不能参加游行仪式，更不能把花环挂在神像上。基督教教徒如果应召入伍，按照要求，必须把皇帝作为守护神来崇拜。他们如果做不到，就会被指控为不忠君爱国。每时每刻，基督教教徒都面临被指控的危险。因此，他们会远离公共生活就不难理解了。其他人在度假时，基督教教徒却不敢去剧场，因为在那里，自己的正义感和行为准则会受到挑战。对角斗的血腥恐怖场面，基督教教徒感到厌恶。他们认为这非常危险，感觉自己周围充斥着邪恶的诱惑力，也对当时完全屈服于欲望和罪恶的世界感到绝望。基督教教徒感受不到他人崇拜的雕像的艺术美，也看不到这些古老艺术形式的象征意义。然而，后来这类雕像被用来装点神圣的教堂。基督教教徒对自己的行事方式要求很高，不能认同其他宗教信仰者的行为举止，常常对别人认为很平常的事情深表不满。因此，罗马民众将基督教教徒视为极端的狂热分子，认为他们逃避社交生活的乐趣与礼节，是脱离国家、民族及一切自然联系的宗派主义者。

不仅如此，由于不参加任何民族宗教的礼拜仪式，并且回避民族宗教的

尼禄迫害基督教教徒，将基督教教徒像火把一样点燃

所有习俗，基督教教徒被认为不够虔诚。到访过基督教教徒家中的人，没有看到用来摆放家庭守护神拉尔雕像的小壁龛或神龛。或许取而代之的是一座没有摆放任何神像的小礼拜堂，就像曾经的征服者提比略·克劳狄乌斯·庞培亚努斯在耶路撒冷见到的圣殿一样。从一开始，基督教教徒就拒绝崇拜任何皇帝。尽管尼禄的残酷行径染上了基督教教徒的鲜血，政府的残酷镇压犹如世界末日和未来审判，但基督教教徒拒绝崇拜尼禄的决心更加坚定了。

除了受到罗马民众的指控，基督教教徒的行为还经常被曲解。像其他时代一样，偏听偏信、毫无分辨力的民众沉迷于放荡不羁的疯狂妄想中。无论是基督教教徒为纪念兄弟情谊、表达感激之情而举行的友好集会，还是《圣经》中关于圣餐礼的描写，都被恶意曲解。基督教教徒发现，中伤自己的人中，最令人痛恨的是害怕谎言被揭穿及利益受损的骗子。一旦对基督教产生怀疑和厌恶情绪，罗马民众就会把基督教教徒看作不够虔诚的离群独居者，还会编造出最荒诞的故事来丑化他们。罗马民众甚至宣称尼罗河旱灾蔓延、瘟疫肆虐、粮食歉收及地震灾害都是基督教教徒引起的，是神在表达对他们的愤怒。

　　早期基督教教会面临的危险，主要来自下层社会无知的反感。正是基于这一点，尼禄才将愤怒的罗马公民的注意力转移到基督教教徒身上。尼禄的残忍尽管很可怕，但只是个人行为，并没有改变基督教的法律地位。尼禄执政时期，基督教还没有被明文禁止。因此，基督教教徒没有理由害怕罗马帝国的统治者或法官，除非罗马民众大声疾呼要铲除基督教教徒。曾有人含糊地指出图密善统治时期迫害过基督教教徒，但当时的编年史并没有这方面的记载。不过，像提图斯·弗拉维乌斯·克莱门斯和弗拉维娅·多弥蒂拉这样的罗马贵族，似乎因偏离其祖先的宗教信仰而受到了惩处。

　　随着2世纪罗马帝国黑暗时期到来，基督教还是被全面禁止了。从小普林尼的信中，我们可以充分看出这一变化。担任比提尼亚与本都①的总督和法官时，小普林尼曾写信给图拉真，说新宗教信仰者基督教教徒被带到自己面前，请示图拉真该如何处置。

　　小普林尼表示，以前自己从未和基督教教徒打过交道，也从未出庭审理过类似案件。他曾质疑：基督教这个名字本身是否有罪？还是只需要关注基督教教徒的行为是否合法？关于基督教的消息，是一个匿名者透漏给小普林尼的。这个匿名者还指名道姓地举报了很多基督教教徒。经调查，有些人完全否认匿名者指控的罪行。还有一些人虽然承认自己曾受到引诱，但早就退出基督教教会了。小普林尼尖锐地质问基督教教徒的宗教习俗和信仰。基督教教徒回答说，以前他们会偶尔见面，一起唱圣诗，以神圣的誓言约束自己，不被黑暗的势力束缚，避免自己受诡诈、撒谎等行为的玷污。此外，他们会定期举行聚会，吃圣餐，直到所有这类社交活动被一项特别的法令禁止。为了证实这些供词的真

---

① 比提尼亚与本都行省，罗马帝国的一个行省，位于小亚细亚。——译者注

弗拉维娅·多弥蒂拉

实性,小普林尼严刑拷打两名女奴。然而,她们只承认自己是基督教教徒,没有招供其他内容。即使再三威胁,她们也没有屈服。

在小普林尼看来,基督教教徒不屈不挠的固执行为应该受到惩罚。不过,这只是他的个人想法。没有得到皇帝的命令,他不敢凭自己的判断行事,因为此事涉及的人数众多,包括各个年龄段、性别和社会阶层的人。正如小普林尼所说,基督教迅速传播到各城镇、乡村,甚至是偏僻的小村庄;古老的神殿几乎被遗弃;没有人购买祭品参加祭祀活动。直到后来,对遭受惩罚的恐惧才使人们恢复了以往的祭拜仪式。

从后来基督教教徒的处境来看,我们确实有理由怀疑这封信的真实性,但至少可以相信图拉真既简短又沉重的答复。图拉真并没有敦促官员围绕该项指控展开调查,也不允许他们接受任何匿名信。在给小普林尼的回信中,图拉真制定了一项法令。这项法令规定,任何愿意崇拜罗马宗教诸神的基督教教徒都应得到宽恕,而冥顽不灵之人必须受到惩罚。该法令正式确定了基督教的法律地位和罗马帝国的相关诉讼程序。基督教教徒不能再寻求犹太教的庇护,因为任何包庇基督教的行为都是违法的。任何人都有可能站出来检举基督教教徒。即使是行省总督和法官,也无法赦免基督教教徒的罪行。

事实上,像图拉真这样开明的皇帝并不愿意相信罗马民众幻想的恶意诽谤。罗马民众甚至认为基督教的神秘力量潜藏着巨大的风险。罗马民众认为,基督教关于平等和兄弟情谊的理念听起来像是一场社会革命的口号——其信徒主要来自数百万劳苦大众。信徒之间的意气相投更像是蓄谋已久的阴谋。他们打着宗教的幌子,却有特殊的政治目的。基督教教徒经常在夜间集会,这违反了相关法规,即未经政府部门批准,任何新组织不得成立。基督教教徒拒绝遵守一些历史悠久的传统做法,甚至拒绝崇拜皇帝,这是不忠君爱国的表现。他们似乎要与过去决裂,愤世嫉俗地蔑视现有政权。即使面对皇帝,基督教教徒也不愿屈服,声称自己要遵守更高级别的法律,这是对绝对权力的挑衅。毫无疑问,一些人视基督教教徒的勇敢抗议为寻衅滋事。基督教教徒敏感地惧

德尔图良

怕偶像崇拜仪式，就像罗马士兵不敢头戴月桂花环出现在将领面前[①]一样。因为顾虑安危，基督教教徒请雄辩家德尔图良写了一篇为他们辩护的文章。然而，也有人公开吹嘘基督教教徒毫不畏惧死亡，急切地渴望获得殉教士的称号。在文章中唯一一次提到基督教教徒时，马库斯·奥勒留也是这样想的。他说，灵魂随时准备与身体分离。但对这种分离，基督教教徒并不痛苦难过，而是能够泰然处之。

---

① 古罗马时期，月桂花环是赐给出征凯旋的军队将领的。士兵如果戴月桂花环，会被视为僭越行为。——译者注

整个安敦尼王朝时期，政府对基督教的态度几乎没有变化。尽管图拉真正直善良，哈德良求知若渴，安敦尼·庇护仁慈机智，但他们都对基督教教徒的温和、善良无动于衷，也都不承认快速壮大的基督教势力。基督教的迅速壮大，很可能令当权者感到震惊。事实上，人们认为小普林尼的信一定是被人篡改过了。因为之前他对基督教一无所知，却在信中声称对其信徒人数了如指掌。许多证据表明基督教正在蓬勃发展。对此，基督教教徒感到无比自豪。罗马史学家查士丁说："地球上没有任何一个地方的人，包括野蛮部族，不曾在祈祷中听到过被钉死在十字架上的救世主的名字。"神学家伊勒讷乌斯认为，基督教教会已经遍布整个宇宙。德尔图良以生动的语言描述道："我们尽管属于过去，但遍布所有城镇、整个罗马元老院、所有军营、宫殿和法庭，甚至整个罗马帝国。只有神殿还没被我们占领。如果不诉诸武力，我们只要提议分裂，就可以同你们一较高下。你们会因孤立无援而感到恐慌。"经验丰富的探墓者发现，即使在那么久远的年代，在罗马最古老的墓穴中，仍有很多传教士将基督教教徒的尸体埋葬在神秘的石阵中。

尽管有些夸大其词，但对罗马帝国来说，新兴基督教迅速壮大是真正的危险因素。皇帝们并没有迫害他人的癖好，也没想过把基督教教徒作为围追堵截的对象。不过，随着民众呼声日渐高涨，行省总督们经常得到命令，无须向上级法院上诉即可执法。当卑微的罪犯从面前经过，坐在法官席上的人只是冷眼旁观，偶尔会好奇为什么这些犯人不愿在祭坛上参加祭拜活动。还有一些人则乐于通过牺牲几个顽固的狂热分子来收买民心。当然，他们也害怕听到民众高呼："你若释放这个人，就不配做皇帝的忠臣。"

因此，史实令人难以置信。一方面，图拉真的法令下达后，笼罩在基督教教徒头顶上的乌云更加阴沉密布。民众的愤怒情绪也愈加严重。另一方面，在教会历史上，罗马帝国的每一位皇帝都被描写成曾为保护基督教教徒不受攻击或缓解紧张局面而做出过努力。后来，在写给亚细亚行省总督盖乌斯·米尼西乌斯·丰达努斯的信中，哈德良严厉批评了民众肆意攻击基督教教徒的行为，

神学家伊勒讷乌斯

认为这可能会助长恶意敲诈、诬告及勒索的风气。哈德良强调，审理基督教教徒必须经过司法程序。任何人都不应该因含糊其词的谣言而被捕，除非有违法行为，否则不应被定罪。实际上，这是对基督教的纵容行为。因为哈德良心中所想与图拉真颁布的法令——拒绝崇拜罗马诸神是违法的——背道而驰。即使如此，这对受迫害的基督教教徒已是一种恩惠，因为这可能会抑制告密者的贪婪，并且增强司法的公正性。

哈德良的信尽管远比据称是由安敦尼王朝其他皇帝写给安纳托利亚代表的信可靠得多，但并非确凿无疑。简而言之，另一封信的意思如下：

> 我认为，诸神不仅可以保护自己的臣民，也能保护不屑于崇拜他们的人的名声与安危。基督教教徒宁愿赴死，也不愿背叛他们崇拜的上帝。因为忠于自己的原则，所以基督教教徒最终成功了。其他人因害怕自然灾害而惊慌失措，所以忽略了向神祈祷与献祭，而他们迫害的基督教教徒表现出了真正的宗教信仰。

行省总督们经常写信给皇帝，汇报基督教的事情。其中一位皇帝的回信内容如下：

> 除非基督教教徒犯了叛国罪，否则无须过问。我也会遵循同样的做法。请警告告密者，他们如果再提出此类无理取闹的指控，也会受到惩罚。

以如此强硬态度提出的帝国命令，肯定会使基督教教徒免受攻击，并且在基督教教会历史上书写新纪元。因此，无论是在法庭上，还是在辩护者的著作中，该命令都备受推崇。不过，很可能政府已经采取了一些措施阻止民众情绪的爆发或告密者的恶意攻击。这些措施有迹可循，受到基督教教徒感激之情的渲染，被人为地夸大了。基督教教徒宣称，慷慨仁慈的历任皇帝支持罗马帝国时期最高贵的宗教运动。

可悲的是，在有哲学家之称的马库斯·奥勒留统治时期的编年史中，关于殉教者的记载就占据了很多页，详细讲述了基督教教徒遭受的苦难。对此，善良正直的马库斯·奥勒留却无能为力或无动于衷。最早的记载可以在士麦那教会的一封信中找到。信中描述了德高望重的波利卡普最后的日子。罗马民众反对基督教教徒的愤怒情绪爆发了。目睹了一些可怜的受害者死亡

波利卡普

后，他们大声疾呼:"把无神论者赶出去!把波利卡普揪出来!"波利卡普是一位上了年纪的主教。他想留在城里履行职责。朋友们劝他先行离开,暂避风头。然而,无论走到哪里,波利卡普都会被人跟踪。最后,他实在跑不动了,只能躲在藏身处等待追捕自己的人。被捕时,波利卡普只说了一句话:"上帝的旨意会实现的。"被押送回城里时,波利卡普遇见了警务官希罗德。希罗德把波利卡普带到马车里,十分客气地问他为什么不愿尊皇帝为主来保全自己的性命。起初,波利卡普沉默不语。最后,他说:"恕我不能听从你的劝告。"威胁和暴力都无济于事。波利卡普平静地走到总督面前。聚集在周围的民众发出震耳欲聋的喧嚣声。总督劝波利卡普以皇帝的名义起誓,并且高喊:"打倒无神论者!"波利卡普严肃地望着人群,叹了口气,抬起头,用手指着他们说:"打倒无神论者!"总督又引诱波利卡普:"只要你发誓诅咒耶稣,我就放了你。"波利卡普答道:"我信奉耶稣八十六年了。他从未伤害过我,我怎能亵渎自己的救世主呢?"总督继续逼迫。波利卡普又说:"如果你想知道我是谁,坦白地告诉你,我是一个基督教教徒。如果你想听关于基督教的事情,那我们可以约定一天,我好好讲给你听。"总督并非狂热分子,很乐意救波利卡普。因此,他让波利卡普自己说服民众。然而,波利卡普拒绝在民众面前为自己辩护。对任何威胁,波利卡普都无动于衷。最后,总督只能宣布"波利卡普承认自己是基督教教徒"。当时,住在士麦那的其他教派人士和犹太人都怒不可遏,大声疾呼说:"波利卡普是不敬神的鼻祖,是基督教教徒之父,是我们所信奉之神的敌人。他煽动许多人不再祭拜神,不再参与祭祀活动。"他们一致认为,必须把波利卡普烧死。我们不必再细谈波利卡普殉教的事了。这件事的梗概很真实,但其中的一些细节很有可能是后人经过想象加上去的。

几年后,一场迫害风暴在高卢、维也纳和卢格杜努姆[①]等地再次肆虐。在

---

① 卢格杜努姆,即今天法国的里昂,罗马帝国时期叫卢格杜努姆。——译者注

波利卡普殉教

给安纳托利亚的教友的信中,受难的基督教教徒详细描述了整个迫害过程,以及当时的一些主要人物,还反映了当时的社会状况。长期以来,高卢、维也纳和卢格杜努姆附近的基督教教徒在所有公共场所都受到侮辱与唾骂。最终,这种愤怒情绪达到顶点。一群暴民开始抢劫基督教教徒的家,还把被囚禁起来的基督教教徒拖到法庭上审问。基督教教徒在地方法官和民众面前公开承认了自己的信仰,所以暂时被关进监狱,等待罗马总督[①]到来。这些基督教教徒被带到自己面前时,罗马总督表现出一种强烈的敌意。他动用酷刑迫使基督教教徒认罪,迫使他们承认自己是异教徒,并且提供不忠于皇帝的罪证,甚至恶意恐吓他们。此时,无论男女老幼,都不能幸免于难。年迈的卢格杜努姆大主教波提纽斯被粗暴地拖到法官面前。被问到基督教教徒信奉的上帝是谁时,波提纽斯回答说:"如果你配知道,你早就知道了。"于是,波提纽斯惨遭毒打,随后被丢进地牢。两天后,虚弱的波提纽斯在地牢里停止了呼吸。一个叫布兰迪娜的妇女因从早到晚饱受折磨而十分虚弱,直到困惑的狱卒对自己可怕的工作感到厌倦,却惊讶地发现她还活着。从向上帝忏悔中,布兰迪娜得到了力量。她喊道:"我是基督教教徒。我们没做过什么坏事。"这种做法给她带来了精神上的慰藉。一些被告是罗马公民,可以直接向马库斯·奥勒留提出控诉,从而了解马库斯·奥勒留对基督教教徒的态度。马库斯·奥勒留给出的答复是,可以释放放弃基督教信仰的人,但必须处死所有坚持基督教信仰的人。因此,尽管许多人已经否认了自己是基督教教徒,但在虔诚的基督教教徒的热情鼓励下,仍然被关押着的人勇敢地站到罗马总督的审判席前,承认自己是基督教教徒。随后,基督教教徒与犯罪的罗马公民一起被送往绞刑台,其余人则被送给了斗兽场的野兽。事实上,确实有一些胆小之徒在恐惧面前屈服了。然而,大部分人"百折不挠,经受住了各种各样的折磨,获得了巨大胜利及忠贞不屈的桂

---

① 罗马总督,也被称为地方长官,通过选举或任命产生,是古罗马一个或多个行省的首席管理者。——译者注

波提纽斯在地牢里停止呼吸

冠"。最后，布兰迪娜和一个大约十五岁的男孩——庞迪可斯——被带进了斗兽场。

这两人每天都会被带到圆形斗兽场看其他人遭受折磨。民众使用武力胁迫基督教教徒对异教徒的偶像发誓。然而，基督教教徒坚定不移，始终如一。民众对他们非常愤怒，既不怜悯男孩年纪尚幼，也不顾虑妇女身体柔弱，对他们施以各种酷刑，却始终不能让他们改变自己的信仰。在姐姐的鼓励下，经历了各种痛苦折磨后，庞迪可

斗兽场里的布兰迪娜

斯还是死了。最后,布兰迪娜像一位高尚的母亲一样,在激励孩子们后,和孩子们走上了同样的道路。布兰迪娜离开监狱,幸福地走向孩子们。临刑前,她根本不像一个即将被扔给野兽果腹的人,而是像要去参加结婚晚宴。异教徒自己也承认:"从来没有哪个女人能忍受那么多可怕的折磨。"

我们不能无动于衷地阅读这些英勇殉教者的故事。这些故事对我们具有特殊意义,因为它们说明在盲目愤怒的民众中,迫害日趋严重,而地方治安官、行省总督及马库斯·奥勒留或他留在罗马的代表①都加深了迫害程度。然而,这些都不能成为为无知辩护的借口。因为在世界上,很早以前,基督教就存在了。它的教义既不神秘也不隐晦,其最显著的特点在怀有敌意的批评家的书中也有体现。在过去几年里,基督教辩护者一直在与民众的偏见做斗争,并且呼吁马库斯·奥勒留做出明智的判断。

因此,即使是讽刺诗人卢奇安,也在自己的讽刺杂录中,用一页的篇幅反映了新兴基督教教会的高尚圣洁、超凡脱俗;信徒对死后升入天堂的热切期望,博大的同情心和深厚的兄弟情谊,以及对志同道合的渴望。这些特点使基督教教会很容易被虚伪的骗子愚弄。卢奇安描述了一个刁滑无赖的生活。这个无赖叫佩雷格里努斯·普洛透斯。他通过各种阴谋诡计让人相信他信奉基督教了。他油腔滑调的口才和虚伪的热情为自己在基督教教徒中赢得了很高的声誉。因过分活跃而不幸成为受迫害的对象,却为他赢得了基督教教徒和圣人的钦佩。佩雷格里努斯·普洛透斯身陷牢狱时,基督教教徒不惜一切代价解救他。解救失败后,基督教教徒努力地满足了他提出的所有要求。天一破晓,牢房门口就站着老妪、寡妇和孤儿。一位神父贿赂了看守,陪佩雷格里努斯·普洛透斯一起睡在地牢里。他们鼓励他,为他读《圣经》。连安纳托利亚的基督

---

① 马库斯·奥勒留正忙于马科曼尼战争。——原注

卢奇安

教教会都派代表前来慰问佩雷格里努斯·普洛透斯,并且为他辩护。针对此事,卢奇安评价如下:

> 他们从未如此努力地拯救过一个基督教教徒。为了救他,他们甚至不惜付出一切代价。这些可怜的人啊!他们以为自己会永垂不朽,所以对痛苦折磨毫不在乎,心甘情愿地牺牲自己。《圣经》告诉基督教教徒,彼此都是兄弟。因此,他们放弃信仰罗马诸神,崇拜被

钉在十字架上的耶稣，遵循《圣经》的教义。他们不注重物质利益，只求志同道合，全身心地相信上帝。

在同一时期，哲学家塞尔索倾尽所有聪明才智抨击基督教教义，向世人证明自己已熟知其所有内容。然而，他并未花心思领会基督教教义。塞尔索的故事只在奥利金①的信中有所体现。塞尔索曾让基督教教徒说："别让那些受过教育或有智慧的人加入我们。让无知者、像孩子一样幼稚的人来吧，我们可

奥利金

---

① 奥利金（185—254），神学家、哲学家，基督教希腊教父的代表人物之一。——译者注

以安慰他们！"塞尔索实际上是在嘲弄福音中一个众所周知的悖论①。然而，抨击基督教教义时，塞尔索并未想过，一个他认为毫无理性的宗教怎么会产生那么多标新立异的观点和不同分支呢？在很多场合，他都认为标新立异恰恰是基督教的缺点。作为一个充满敌意的批评家，塞尔索却见证了基督教使身负罪名的人和绝望的人重拾平和与尊严的奇迹。他还发表过如下言论：

> 想引领我们了解神秘新教义的人一开始就声明："让他与纯洁无瑕、清白无辜及过着美好、正直生活的人在一起吧！"现在，让我们听听基督教教徒发出的邀约吧。他们喊道："无论是罪人，还是傻瓜、文盲，总而言之，所有可怜人都将得到上帝的眷顾。"

由此，我们可以把塞尔索关于信奉基督教的评论联系起来："很明显，没有人能够完全改变另一个人。对他来说，作恶，已成为其禀性的一部分，即使是惩罚也不会改变他，更不用说怜悯了。因为江山易改，禀性难移。"塞尔索了解耶稣的主要生平和性格特征，却并未被其高尚品格感染。他听说谦逊是基督教精神的一个显著特征，但在他看来，这简直是无稽之谈，是对哲学理想的曲解。塞尔索熟知上帝的旨意，深知上帝会如慈父一般关怀每个人。然而，他认为这一切都是毫无依据的假设。对一个痴迷于"自然法则"的人来说，关于人性尊严和救赎的可能性的讨论只是一句毫无意义的空话。塞尔索认为，自然法则通过不变的规律演化而来，不以任何人的意志为转移。

在接下来的一个世纪里，一些基督教拥护者已经准备好用哲学武器迎接对自己的攻击，从而维护基督教。不过，那个时代的辩护者还有其他事情要

---

① 悖论，一种看似矛盾或与常识相悖，但可能是真实的陈述。塞尔索所说的悖论，是指《哥林多前书》中看似与现实相悖的观点。当时，人们普遍认为，有智慧的人会得到福报。然而，《哥林多前书》中说："上帝创造了一个信念，那就是福报与智慧无关。人们得救，不是靠智慧，而是因为信奉上帝。"——译者注

做。基督教教徒因为被控告成无神论者、厌世者、魔法师，所以迫切需要反驳这些无知的恶意中伤和肆无忌惮的诽谤，并且向罗马帝国的司法部门上诉。与从事神学知识论著的神学家不同，基督教教徒随时会面临被处决的危险。因此，他们决定直面眼前的危险，既要上诉，又要宣传基督教教义。基督教教徒的秘密聚会总会遭受猜疑。为了回应这种谣言，基督教教徒详细地描述了自己在周日聚会中的所作所为——如何聚在一起朗读使徒回忆录和先知的著作。

朗读后，神父会规劝基督教教徒要效仿读到的善行。然后，基督教教徒集体起立祈祷。祈祷结束后，有人端出饼和酒水。神父再次以相同的方式祈祷并感谢上帝。众人齐声说"阿门"。随后，在场的人一起分享饼和酒水，彼此互致谢意，也会把饼和酒水送给没有到场的人。凡是有经济能力又愿意行善的基督教教徒，都会捐出物资，统一交给神父。之后，由神父亲自帮助孤儿寡母或其他需要帮助的人，包括与基督教有关的人和来自异国他乡的人。总而言之，上帝会守护所有需要帮助的人。

有人说基督教教徒作恶多端，认为所谓的基督教教徒可能是诺斯底教派①的教徒，或者其他可疑教派的异教徒。然而，如果真的是这样，即使引用了上帝的话，声称是受上帝影响才把心中的仇恨转化为友爱，把邪恶转化为善良，他们也绝不可能是上帝真正的追随者。基督教教徒虽然必须避开偶像崇拜形式，避免使用与上帝不相称的粗俗祭品，但并非不合群。当然，基督教教徒也不是魔法师。说耶稣的非凡事迹不过是魔法杰作，简直就是无稽之谈，因为上帝早就通过他十分信赖的神职人员告诉人们相关的预言了。基督教的精神

---

① 诺斯底教派，又称灵知派或灵智派，是起源于1世纪早期基督教和犹太教的古代宗教思想集合，有多个不同的团体，强调个人精神知识，而不是正统教义、传统和教会的权威。——译者注

理念，只有在耶稣身上才能充分体现出来。当然，在某种程度上，诸如苏格拉底或柏拉图的非宗教人士也会有基督教精神理念。与希腊圣贤无法说服其追随者为信仰牺牲形成鲜明对比的是，基督教上帝的命令得到了贫穷手艺人和奴隶的绝对服从。他们以殉教者的英勇牺牲精神证明了自己宗教信仰的纯洁性。对上帝忠贞并不影响基督教教徒对皇帝的忠诚，因为基督教所指的王国不是尘世的王国。他们希望自己死后可以升入天堂，惧怕死后堕入地狱，所以会在道德上严格约束自己。这些是最早为基督教辩护的相关内容，有时穿插着对其他宗教传说的攻击及民众对基督教教徒的诬告与警告。此外，还有邪恶之徒通过偶像崇拜的形式诱使人们崇拜活生生的神。在迫害基督教教徒的暴行中，或者在欺骗其他宗教教徒的圈套中，这些邪恶之徒干着无耻的勾当。

在查士丁之前，很少有人写殉教者传记。如果找不到关于查士丁殉教的记录，我们就只能从他自己的作品中了解他的事迹了。查士丁出生于撒马利亚的某个城市，但他的父母似乎都是外邦人。看到基督教教徒从容面对死亡的痛苦时，查士丁的注意力才被吸引到基督教上。查士丁的作品中有下面这段话：

> 我尽管崇拜柏拉图思想，但能听懂基督教教徒谈论的邪恶。看到他们对死亡和其他人惧怕的酷刑都无所畏惧时，我渐渐明白他们不可能是邪恶的好色之徒。有哪个放荡荒淫之人会情愿放弃自己享受的一切来迎接死亡呢？难道他不愿像以前那样活下去，避开统治者的注意，而愿意提供不利于自己的证词，让自己丢掉性命吗？

查士丁从一名柏拉图主义哲学家转变为基督教教徒，向基督教圣人探求高尚生活的真谛。然而，只有在听到基督教真理时，他的灵魂才燃起了希望的火焰。他知道，自己找到了追寻的目标，终于找到了真正的哲理。查士丁披着和以前游历四方的学者一样的斗篷，试图把基督教教义传给别人，并且和各族民众谈论与信仰有关的问题。

查士丁

马库斯·奥勒留执政期间，查士丁以殉教的方式结束了自己的传教生涯。因此，可以推断查士丁曾经在马库斯·奥勒留面前为基督教教徒辩护。我们有理由相信，审判查士丁的司法长官是尤尼乌斯·鲁斯提库斯。而尤尼乌斯·鲁斯提库斯之所以能获得司法长官的职位，是因为马库斯·奥勒留特别重视早期的道德典范。

第7章

罗马宗教的特点及外来宗教

精彩看点

皇帝们小心翼翼地遵守古老的民族宗教形式——阿尔瓦尔兄弟祭司团——盛大节日的宗教仪式——罗马宗教的三大特点——外来宗教填补罗马宗教的空白——罗马人欢迎新宗教形式——修辞学家埃利乌斯·阿里斯提得斯的神秘幻想——令人震惊的牛祭仪式——罗马人接纳外来宗教的神

了解基督教教会的发展和社会影响后，我们自然想要了解基督教试图取代的罗马宗教是怎样的。据一段古老铭文记载，为了纪念安敦尼·庇护严格遵守公共生活中的所有礼仪，罗马元老院通过了一项感恩投票。罗马帝国时期，皇帝们没有必要非得依附于罗马宗教，因为他们都出身于他乡。无论是从品位还是需求来看，他们大部分时间都是在远离首都的地方度过的。他们的文化、语言，甚至最深刻的思想常常源于希腊，几乎没有能把他们和罗马生活方式联系在一起的情感纽带。不过，奥古斯都实行了一项政策：在信仰和道德领域开始保守改革，引导人们更虔诚地信奉祖先的宗教。后来的皇帝们虽然常常放荡不羁，但至少也表达了与奥古斯都相同的愿望，还经常以持久的形式和奢华的仪式来表达这种愿望。2世纪的皇帝们始终如一地遵守古老传统，甚至将其推向了极致。例如，他们把很久以前的传奇故事印在勋章上，还把古老的诗意小说与帝国统治联系在一起，试图用古老的粗犷风格在文学领域表达思想和情感的复杂性。

　　起初，罗马宗教是一种非常朴实的自然崇拜，其中的神名字粗俗，是对理性毫无情感的抽象表达，没有任何诗意的幻想。这些神没有性别标志，非常神秘，掌管着家畜、河流、森林，以及家庭的圣洁。事实上，一段时间后，希腊宗教取代了当时的一些简单宗教。这些简单宗教也许从受过教育的人的语言和思想中消失了，却在乡村生活中留下了痕迹，甚至在与更强大的宗教竞争的过程中传承了下来。自然崇拜最初通过学院或祭司团的独特媒介进行。祭司团招募祭司时与之前一样谨慎。众所周知，萨利圣学院的学生都来自罗马最古老的家族。这些学生中出了一位皇帝——马库斯·奥勒留。他在很小的时候就进入学院学习，并以熟知传统习俗而闻名。在牧神节①活动中，半裸着身体的祭司仍

牧神节

---

① 牧神节，古罗马早期一年一度的节日，最初是为了感念保护牧羊人和羊群的畜牧神卢波库斯，每年二月在罗马城内举行，后来逐渐演变成了一种社交节日。——译者注

瑞亚·西尔维亚和双胞胎儿子罗慕路斯与雷穆斯

然在罗马的街道上奔跑,使用古老的文字与符号。阿尔瓦尔兄弟祭司团遵循多年未曾改变的习俗举行宗教仪式。

阿尔瓦尔兄弟祭司团的创建时间,可以追溯到远古时代,因为在罗马城建立之初,瑞亚·西尔维亚的双胞胎儿子罗慕路斯与雷穆斯就加入了当时的祭司团。在整个共和国时期,祈祷方式和祭祀的供品依然表达了人们对乡村生活充满希望和敬畏,但并未在历史上留下多少痕迹。罗马帝国时期,奥古斯都提出的自由捐赠计划在全社会扩大了祭司团的规模。即使如此,如果仅仅依靠普通文献资料,我们也无法了解祭司团的祭祀习俗。不过,一次幸运的事件为我们保存了非比寻常的证据。按照惯例,当时罗马人会详细记录每年的所有国事会议和官方行为,并且把会议记录刻在神殿墙上永久流传下去,而不是记录在易损毁的材料上或由大祭司[①]保管。祭祀的圣地不在罗马城内,而是在罗马城外五英里一片宁静的小树林里。岁月流逝,这里已经变成了葡萄园。原来的神殿也被一间简陋的小屋取代。一些砌墙的石板被加工成其他建筑物的砖石后,才有人陆续惊奇地发现刻在上面的文字。19世纪,在使徒彼得[②]的小教堂里,人们发现了一块具有特殊意义的砖石。这块砖石上面刻着罗马最古老的祭拜仪式。20世纪初,罗马的考古研究所决定探索神殿旧址,以寻找进一步的证据。这些散落的石板碎片被拼凑在一起时,从奥古斯都时代到戈尔迪安二世[③]执政时期的一系列祭司的档案终于重见光明。

　　石板上详细记载了当时的国事会议和许多不定期集会,给人们提供了一个了解罗马的标志性仪式和罗马特有祭祀方式的独特视角。起初,十二个兄弟分别代表完成农事劳作的十二个月,代表拉丁农夫祈祷丰收并表达感激之情。后来,罗马贵族以加入兄弟祭司团为骄傲,有时皇帝甚至会担任兄弟祭司团的大祭司。

　　最盛大的节日在五月月底。这时,果实开始成熟。人们会为即将到来的收获季节祈福。神圣的庆祝活动一般持续三天。第一天和第三天在罗马,但第二天必须在乡村,在神圣的大自然中庆祝。黎明时分,大祭司走出城门,来到四面柱廊怀抱的祭祀场所。他身穿紫色条纹正统礼服,走到朝圣的小树林入口处。一个祭坛上供奉着猪,另一个祭坛上供奉着一头白色的小母牛。这些祭品是献给森林诸神的,因为在树林中举行祭祀活动可能会扰乱森林诸神的平静生活。

---

① 大祭司,古罗马祭司团中最高级别的祭司,也是古罗马宗教中最重要的职位。——译者注
② 使徒彼得,即圣彼得,耶稣十二使徒之一,也是基督教初代教会的核心人物之一。——译者注
③ 戈尔迪安二世(192—238),罗马帝国在位时间最短的皇帝,在位仅二十一天。——译者注

戈尔迪安二世

把祭祀用的家畜放在火上烤时，所有祭司会聚在一起，把自己的名字登记在册。之后，他们会脱下长袍放在一边，在祭台上吃已经准备好的早餐。在接下来的几个小时里，祭司们会在有荫凉的地方休息。到中午，他们要举行另一项仪式。他们穿上礼服，头戴谷物穗编制的花环，走在行进的队伍中，穿过小树林，来到供奉着羔羊的中心祭坛。把酒和饭菜撒在地上后，祭司们虔诚地膜拜放在神龛里的古色古香的罐子。罐子里面还盛着早年用来供奉的食物。祭司们手捧供品，穿门而出，把供品放入库房，从银杯里倒出祭酒。然后，两位祭司分别从两边开始，逐一收集众人刚刚收获的果实，之后回到原位。此后，祭司们会关上门，摸着盛食物的罐子，低声念庄严的祈祷词，最后把这些食物从神殿前的山坡上扔下去。众祭司坐在大理石座位上休息一会儿，从仆人手中接过撒有月桂叶的面包，把香料倒在周围的神像上。然后，其他人退场，锁上门。祭司们给自己飘逸的衣裳系上腰带，每个人手里拿着一本祭祀用的书。书中写着现代人无从知晓的古老祈祷文。人们跟着古老的拉丁舞节奏唱起庄严的圣歌。然后，仆人们拿着花环返回现场，把花环戴在神像上。庄严的仪式到此结束。接着，祭司们会选举出下一年的大祭司。按照惯例恭喜当选者后，祭司们离开小树林回到大厅里休息。结束一天的活动后，他们会举行盛大的晚宴。晚宴结束后，祭司们戴上玫瑰花冠，穿上鞋，到附近的斗兽场看角斗比赛。最后一天，人们在罗马的大祭司家中举行一次晚宴，节日活动就此落下帷幕。

在阿尔瓦尔兄弟祭司团的记事录中，我们可以发现罗马宗教有以下三大特点：

第一，罗马宗教严格遵守古老的宗教形式。神殿里供奉的是一位无名女神，就像希腊诸神传入拉丁姆①之前一样。信徒们严格遵守原始的宗教舞蹈形式。尽管其他信息不详，但我们知道：信徒仍然使用原始时期的粗陋乐器；他们所唱圣歌的歌词过于古老，如果不借助书本，绝不可能记住那些歌词；他们

---

① 拉丁姆，意大利半岛中部的一个地方，罗马城就是在这里建立的。——译者注

不敢在树林里使用任何铁器；他们祭祀时的着装、姿势和举止仍然延续古老的传统；他们会详细记录漫长仪式中每个阶段完成的事情。以上活动表明罗马宗教严格拘泥于外在形式。其他与宗教相关的历史记载中也常常出现这些活动。人们似乎是想通过这种庄严的形式表达象征意义，与理性和内心情感毫不相干。

第二，罗马宗教几乎没有影响信徒的道德品质，也不影响信徒们的性格或日常生活习惯。在大多数情况下，信徒崇拜的神都需要祭拜，并且得到应有的尊重。然而，神不一定能引导信徒的意志或抑制信徒的激情。延续某些仪式可能有助于消除信徒的嫉妒之情或赢得他们的青睐，却不会对他们造成任何精神上的影响。祭司绝不是罗马的社会伦理学家。布道和传教更是闻所未闻。身居高位之人可能是生活混乱、臭名昭著的无宗教信仰者。阿尔瓦尔兄弟祭司团的历史可能有助于我们了解这些事实。在档案记录的名单中，我们可以找到许多罗马帝国挥霍无度之人的名字。这些人里面，很少有人享有良好的声誉。尽管皇帝赐予了他们祭司的职位，但他们真正在意的只有享乐。档案仔细记录了每次国宴花费的金钱数额，以及为每位客人准备了多少酒杯等内容。37年的一份清单告诉我们，罗马帝国时任皇帝卡利古拉主持了一次盛大的节日。他尽管因迟到而未能出席祭祀仪式，但至少赶上了宴席。卡利古拉之后到来的七人中，有两人出身贵族却恶贯满盈。塔西佗认为第三个人生性放纵，并且他们中没有一人在公共生活中表现出高尚的品质。其中五人后来或因犯重罪被判死刑，或者为了逃脱刑罚而自杀。

第三，罗马民众有自己的民族宗教。负责组织宗教活动的祭司团由国家组建。祭司通常都是统治者的忠实臣属，从来没有提出道德权利或精神自由的要求。对皇帝，阿尔瓦尔兄弟祭司团绝对忠诚。事实上，我们不必特别在意他们祈祷时都说了什么。每年伊始，阿尔瓦尔兄弟祭司团会与所有人一起祈祷。然而，我们很好奇地翻阅了69年的档案。在这一年里，有四位皇帝相继登上皇位。档案记录了阿尔瓦尔兄弟祭司团的成员对每位皇帝都宣誓效忠。他们刚拜见完皇帝，五天后却宣布拥立杀害该皇帝的凶手为新帝。有时，阿尔瓦尔兄弟祭司团成员见面，是为了纪念具有历史意义的国家大事，如图拉真在达契亚取得的胜利。除此之外，在1世纪，阿尔瓦尔兄弟祭司团举行了一系列感恩活动和代替他人祈祷的活动，主要与皇室的命运有关。阿尔瓦尔兄弟祭司团的首领，最初是古老行会的资助者，后来被尊为神。弗拉维王朝和安敦尼王朝的皇帝十分理智、谦虚，不太注重阿尔瓦尔兄弟祭司团举行的歌功颂德仪式，大概是因为不愿为此花费大量金钱。因此，祭祀活动越来越少，登记册上的条目也越来越少。不过，早期在五月举行的祭祀活动除外。

早期罗马宗教的教义和仪式过于冷淡无趣、空洞乏味，缺乏满足人们心灵的情感力量。希腊风格的华丽形式与东方祭拜激动人心的场面逐渐填补了罗马宗教仪式的空白。最后，世界上的所有宗教都在罗马找到了归宿。

早期沿意大利半岛南部海岸开疆拓土的希腊殖民者，将希腊传说和仪式传承下来。这些传说和仪式通过《西卜林书》在罗马扎根，在文学史上的影响也逐步增强。罗马帝国征服世界后，罗马民众成群结队上街一睹来自异国的皇帝情妇的风采；不同民族的奴隶被圈禁在罗马城内；外国各神的名字及其信仰特征不知不觉传入罗马，自然而然地融入罗马民众的生活中。

多神论通常有一个宽容灵活的体系。多神论者不会试图把自己的信条强加给其他民族，也不会把对新传入的外国各神的崇拜看作对以前诸神的羞辱。罗马民众习惯了世上有诸多神秘力量的存在，所以不会抵制神数量的增加。他们喜欢借助他族的守护神，但不会强迫他族接受自己的守护神。罗马帝国尽管不断地征服他国，但会保护当地人的宗教习俗，并且给予其应有的尊重，允许所有臣民崇拜自己选择的神。有人如果离开家乡，依然可以坚持原来的古老宗教仪式，即使在罗马也不会受到干涉。然而，想要跨越国家和民族的界限，使外来宗教得到认可并成为罗马民众既定信仰形式之一，完全是另一回事。外来者信奉的宗教难以融入罗马宗教的重要原因是，声称要在街上建造祭坛和神殿的外来者实际上挥霍无度、荒淫不堪，甚至以宗教的名义建立秘密组织。这

酒神节

令罗马帝国的当权者震惊不已。随后,政府开始采取武力或威胁的方式介入,如强制终止酒神节[①]活动,并且将伊西斯神龛夷为平地。然而,威胁或强制命令无济于事,因此执政官不得不采取暴力手段。共和国时期以后,奥古斯都虽然在埃及塞拉皮斯神殿向塞拉皮斯表示了敬意,但明令禁止在罗马帝国本土举行埃及礼拜仪式。然而,这些措施都只是过眼烟云,无法阻挡革新的趋势。尽管罗马帝国政府以各种各样的借口禁止异教仪式,但由于战争和瘟疫等原因,罗马民众有时会祈求新的守护神,甚至欢迎遥远地区的神。随着罗马帝国治下各民族不断融合,罗马和各行省的宗教生活似乎变得更加随心所欲。尽管许多崇尚古老精神的伦理学家强烈反对东方国家的宗教的教义,统治者却逐渐取消了对东方国家的宗教传播的限制,只要各教能和平共处,相安无事,不会偏执挑衅或公然反抗政府就行。

---

① 酒神节,古罗马的一个节日,盛行于意大利半岛中部和南部,用以祭拜酒神狄俄尼索斯。——译者注

此外，得知所谓的新宗教形式是从早已熟悉的宗教演化而来的，罗马民众便消除了顾虑。于是，扩建国家万神殿就更容易了。通过比较可以看出，不同地方的宗教有很多相似之处，如祈祷习惯与祈祷文，以及随时间推移对敬仰的神产生的诗意幻想等。令虔诚的信徒感到欣慰的是，哪怕是看似敌对的神也都会受到敬仰。这些神实际上是带上不同面具的同一批神，甚至可以说各神代表同一位神——天父——的不同品质。普鲁塔克是德尔斐阿波罗神殿的祭司，也是祖辈信奉的古老宗教的虔诚信徒。他写了一篇关于埃及各神的文章，试图证明埃及人信奉的神实际上就是希腊诸神。尽管埃及的宗教仪式有些神

普鲁塔克

秘，或者从某种程度上看有些怪异的幻想，但土生土长的希腊人也有类似的宗教仪式和幻想。在希腊宗教仪式中，也有埃及宗教仪式表达象征意义的物品。神希望人们能去解读这些象征意义，并且以仁慈之心将其中的奥秘透露给虔诚的探索者。普鲁塔克越发被神秘莫测的古代法老文化吸引，而法老文化的典型代表是狮身人面像。普鲁塔克确信所有的谜题都可以解开，并且会实现和谐与永恒。

普鲁塔克从来没有怀疑过自己崇拜的神的真实性，也从来没有把这些神当作纯粹的抽象概念。和他同样虔诚的人认为，各种形式的大众宗教在不同程度上都是有用的，都足以表达无法言喻的真理。其中，有一个人说过下面这段话：

> 神比太阳和天空更古老，比时间更伟大，比一切永恒的事物和一切变化的事物都优越。尽管神隐姓埋名，远离我们的视野，但我们不知道其具体长相，所以会借用词语、名字、动物、黄金雕像、象牙雕像、植物、小溪、高山和激流来指代神。我们渴望追寻神的足迹，却无能为力。我们将生活中一切美好的事物都归功于神。恋人亦是如此，他们会沉迷于对所爱之人的幻想中，会深情地凝视爱人弹过的七弦琴、用过的飞镖、坐过的椅子或者任何能让自己想起心爱之人的东西。让我们回到神这个话题上。如果埃及人对动物、河流、火焰的崇拜与希腊人对菲迪亚斯雕刻的神的崇拜具有相同的作用，那么崇拜的对象是什么就不太重要了。我不抵触多样性，只要让我们认识神、拥护神，始终将其记在心里就足够了。

随着时间的推移，我们会找到在丰富多彩的精神活动中发挥作用的新思想和新情感，来替代罗马民众就事论事的行事风格和注重礼仪的宗教活动方式。我们可以追溯一些神秘的遐想和狂喜的幻想，如在后世虔诚的灵魂中孕育生命的幻想。这种幻想总是出现在人们看不见的世界中,缺乏现实感和尘世事物应遵循的规律。据说,有一些生性敏感而热情的人清楚地感受到了神对自己的眷顾,对神赋予的一切感恩戴德,甚至自称是独得神恩宠的信徒。他们能感受到神的精神,感觉在人生的每个转折点都能得到神的指引,还会在梦境中见到神。

修辞学家埃利乌斯·阿里斯提得斯就感受到了神的眷顾。长期遭受无法治愈的疾病折磨后,他开始信奉希腊医神阿斯克勒庇俄斯[①]。大多数时间,埃利乌斯·阿里斯提得斯都和祭司一起生活在神殿里。夜间,他会看到阿斯克勒

希腊医神阿斯克勒庇俄斯

---

① 古罗马人称其为"埃斯库拉庇乌斯"。——原注

庇俄斯的幻象，也会在睡梦中听到其发出的警告，然后陷入难以言喻的催眠状态中。埃利乌斯·阿里斯提得斯为自己得到神的启示而自豪，以激情洋溢的笔触写下了神圣的布道词。他说自己记录的是阿斯克勒庇俄斯口述的内容。他欣喜若狂地讲述了自己在阿斯克勒庇俄斯承诺的合适时间恢复了健康，在士麦那大地震中避过危险并得到救赎。他还说对拯救人类的神的持续关注，给自己带来了精神安慰。他感谢疾病带给自己的考验，因为这使他得到了仁慈的阿斯克勒庇俄斯的关注。

有人希望能与神秘的神有更密切的交流，但这不是我们共同生活的世界能够实现的。为了摆脱种种限制及个人意识的影响，更加契合神的精神，罗马民众狂热地信奉不同宗教与不同民族的神。他们认为灵魂应超越肉体而存在，所以往往严格遵循禁欲主义来释放受到禁锢的灵魂，从而获得更纯粹的精神自由。

无数朝圣者疲惫不堪地前往圣地。如果想要获得神显灵带来的喜悦，他们就必须风餐露宿，饱经风霜。埃及也有隐士。他们把自己的生命毫无保留地奉献给了神，希望通过神圣的冥想近距离接触神。他们常常产生一种强烈的情感共鸣——若癫若狂的情绪在人群中蔓延。在狂野的舞蹈和疯狂的喧闹中，在自我强加的肉体恐惧中，在放荡的快感中，隐士眩晕的大脑和颤抖的神经也兴奋起来。他们不再满足现状，开始狂热地崇拜伊西斯或春季植物之神阿多尼斯。

罗马宗教早期教义中，几乎没有提到对未来生活的希望或恐惧。不过，人们心中有一种渴望，想要冲破那层遮蔽未来的面纱。许多预言都是从外地传来的。这些预言中，有的充满希望，有的暗含警示，有的隐晦地暗示神秘力量，有的明确鼓励人们增强信心。开启幻想之门前，它们就像希腊神话故事一样带有戏剧性，或者以东方国家宗教仪式中某种奇怪的形式出现在世人面前。

罗马宗教还受到西方思想中深重罪恶感的影响，即灵魂被肉体的罪恶玷污及神的威严受到挑衅。这种罪恶感也严重影响了祭司。他们受到良心的谴责，变得更加困惑甚至绝望。只有祭司能满怀信心地读懂天意，知道代祷或赎罪的形式，并且代表神赦免世人的罪恶，给世人带来内心的平静。祭司不再局限于做沉默寡言的国家公仆，而是云游四海，传播神的旨意。有时，祭司满怀虔诚信仰，为民众战胜恐惧和重塑希望而努力，并且充分展示祭司的魅力，使民众更容易接受他们。有时，祭司像江湖骗子和杂耍演员，通过巧妙的手法和魔法咒语来迎合一些民众的偏好。

在东方，其他国家的宗教仪式中，最引人注目的是奢侈的牛祭。在这个仪式中，人们借助牛的血液净化灵魂。这个仪式最早可以追溯到哈德良统治时期的铭文记载。我们有理由相信，牛祭来自小亚细亚，是用来祭祀弗里吉亚的地

弗里吉亚的地母神赛比利

母神赛比利而举行的庄严仪式。后来，这种仪式从意大利半岛南部传到高卢。在所有民族商人汇集的繁华之地卢格杜努姆，人们以超乎寻常的盛大仪式举行庆祝活动。令人印象更加深刻的是该仪式的罕见性，因为其成本极高，只有富甲一方的人家才承担得起。因此，梦想、神谕和祭司的预言表达了女神至高无上的喜悦时，市政当局就会挺身而出担起这一重任。如此大规模的仪式，只有经过统治者的批准才能举行。同时，似乎只有身着长袍的官员出席，才能赋予仪式正式感。在一长串庄严的仪式环节中，最重要的是宰杀公牛。"牛祭"这一名称由此而来。献祭的信徒身穿质地柔软而光滑的衣服，头戴金冠，跳进一个新挖的坑穴里。坑穴上面盖着木板。公牛和祭司都站在木板上。刀砍到牛脖子的瞬间，伤口喷涌出的血液从木板的缝隙中流下，流到站在木板下面的信徒身上。由于认为血液有净化作用，这些信徒自此在永恒的轮回中得到精神上的重生，成为现场观众崇拜的偶像。早期的基督教作家认为，牛祭是在讽刺基督教信仰中的两大主题——洗礼和救赎。因此，他们会愤怒地反对这种仪式也不足为奇。

如果说罗马帝国后期的任何思想和宗教信仰都是全新的、陌生的，那就言过其实了。这种宗教气氛和基本形式可以追溯到很早以前的罗马宗教，甚至祭祀的外在形式、神秘仪式和狂欢在罗马宗教中也有与之对应的部分。从最初的仪式到祭司制度，都有一定的相似处。一些祭司的职能是由女性完成的，这使后来的女祭司更容易获得优势。因此，在罗马宗教中，女性也发挥了巨大作用。不过，东方国家的宗教深刻地影响了以前那些不引人注目的东西，为罗马宗教注入了活力。东方国家的宗教生动地再现了罗马践行物质主义之前消失的未知世界，用满腔热情为呆板、拘谨的罗马宗教增添了色彩。这是一种新的启示精神，可以渗透到并行不悖的不同宗教教义中。这些不同的宗教曾经为信众的利益而竞争，但从未携带痛苦与仇恨。一个宗教的祭司有可能是另一个宗教的信奉者。不同宗教的祭司相信他们信奉的是相同的神，是在不同国籍和语言掩饰下的同一个神。这些神都供奉在罗马帝国的万神殿中和谐共存，没有哪位神想取代其他神的地位。只有两种宗教格格不入,傲然立在一旁。其一是犹太教,其精力主要集中在解释和评论圣书上。其二是基督教,其目标从迅速实现天堂的美好愿望转变为与罗马当局殊死搏斗。安敦尼王朝时期,罗马帝国的所有铁腕纪律和武装力量几乎都被用来抵制基督教了。然而,基督教的"武器装备"只有互相友爱、真诚的信念和永不熄灭的希望。

第8章

安敦尼王朝的文学潮流

精彩看点

罗马民众热爱文化艺术——罗马帝国的文化主要源自希腊——被称为智辩家的学者——伟大的伦理学家爱比克泰德——狄奥·赫里索斯托姆代表的哲学理念——普鲁塔克始终如一的平静生活——文学艺术家和修辞学家辈出——演说家马库斯·科尔内留斯·弗龙托——老底嘉的帕雷蒙的演讲才华——雅典文坛巨星赫罗德斯·阿提库斯——阿普列尤斯展现了当时作家的一些共同特征——讽刺作家卢奇安对宗教的独特见解

安敦尼王朝时期，罗马帝国有大量图书馆和学校，还有很多作家与读者。这些都是教育盛行的外在体现。罗马民众对高雅文化的热情空前高涨，对某种文学风格是否优美的研究空前细致，对优秀作品的评判空前活跃。不同流派学者之间的相互交流也空前频繁。然而，这些学者的所有学术研究都收效甚微，没有产生创造性成果，没有建立完美的文化纪念碑，也没有取得创新性研究成果。

　　罗马民众对写作的热爱及对绘画的狂热，催生了大量文学和绘画作品。不过，其中大部分作品刚问世就失传了。剩余作品如今几乎毫无价值，只能反映当时的社会状况。与文学作品相比，我们对当时的文学家更感兴趣。他们的社会地位呈现出多元化的特点，这与历史上其他时代的文学家形成了鲜明的对比。从这些文学家的作品中，我们可能会了解到他们塑造的一系列人物形象，却很难用他们的观点来丰富我们的思想与想象力，也无法用他们塑造的人物形象提升我们的品位。

　　安敦尼王朝的文化主要源自希腊。当时，希腊文化早已传播到遥远的东方。在安纳托利亚人口众多的城镇中，希腊文化占据统治地位。希腊文化曾越过叙利亚，几乎传播到幼发拉底河流域。很久以前，希腊人就在北方野蛮民族聚居地建立了殖民地，把文明生活带到了偏远的部落。在此过程中，人文科学

狄摩西尼

广泛传播。在学校里,人们学习希腊演说家狄摩西尼的语录,模仿并很好地保持了其语言的纯洁性与优雅。教授西方文化的教师来自雅典及其邻近城市的学校,带来了当时最新的文学作品和流行风尚。希腊人甚至把希腊语和希腊文化传到了遥远的高卢。希望突破自己狭小圈子禁锢的学者常常用希腊语写作和思考,因为当时希腊语被视为整个文明世界的通用语。古罗马语[①]很快失去了竞争力,变得越来越不纯净。除少数人之外,学识渊博的人都拒绝使用古罗

---

① 古罗马语,即拉丁语。——原注

马语写作。正如我们看到的,一位皇帝即使撰写只给自己看的回忆录,也不用古罗马语,而是用希腊语来表达最深刻的思想感情。

学者从事的职业主要是学术性的。大多数人喜欢听而不是阅读文学作品。学者的主要活动包括演讲、辩论、开会、读书、写颂词和参加各种智力竞赛,因为他们既不满足于待在家乡为左邻右舍宣讲新思想,又不愿意通过著书立说名扬四海。不过,他们会长途跋涉,到各地游历。无论走到哪里,他们都会锻炼自己的聪明才智和巧言善辩的能力。早期的学者既是苏格拉底的竞争对手,又是柏拉图嘲笑的对象,被称为"智辩家"。这意味着学者认为自己即使不够明智,也算博学多才。"智辩家"这个词的使用并没有否定他们中最著名的那些人。卢

苏格拉底

第 8 章 安敦尼王朝的文学潮流

修斯·弗拉维乌斯·斐洛斯特拉托斯曾为一些著名学者写传记。这些著名学者是知识渊博的修辞学教师，四海为家。无论走到哪里，他们都享有充分的言论自由，也都能找到热切的听众。尽管时代已经变迁，但共和国时期的许多习惯仍然存在。尽管共和国时期激烈的政治辩论已销声匿迹，但公共演讲仍然受到热烈追捧。甚至从童年起，人们就开始接受训练，学习优美的语言，并且渴望学习新颖的演讲技巧。

据说，有智辩家游历到当地时，居民会对新来的陌生人充满好奇。他们聚集在战神山上的保罗教堂周围，渴望听到或亲自讲述一些新鲜事。有时，德高望重的学者也会带来很多仰慕者，因为人们无论老幼都会为了追求知识而远行。仰慕者会追随某位德高望重的学者很多年，就像中世纪的学生为了追随某位名师而从欧洲某所著名学校转学到另一所著名学校一样。然后，消息迅速传开，智辩家会选好时间和地点做公共演讲。当地治安官会前来表达敬意，有时甚至皇帝也会屈尊驾临，带头为智辩家鼓掌。偶尔，为了成名，有些自负的年轻人会来挑战拥有高超演讲技巧的智辩家。有时，个别智辩家会带着对新发现真理的全部热情维护一些离经叛道的悖论，倡导一种道德体系或一些新鲜的文学品位准则。厌倦了千篇一律、到处游历的学者生活，以及像游走在世界各地冒险的骑士①一样的生活时，智辩家会像但丁·阿利吉耶里时代的著名学者或者后来令人钦佩的乔瓦尼·皮科·德拉·米兰多拉②一样，张贴用来反驳所有外来者的论题，随时准备迎接外来者提出的关于任何论题的挑战。有时，衣衫褴褛的流浪汉会在街上当众演讲，粗鲁地抨击城市生活的奢侈和放荡，要求听众寻找真正的幸福源泉，并且挖掘自身潜能。像基督教教会的传教士一样，智辩家们不分高低贵贱地吸引各阶层的人。他们引用的超凡脱俗的例子令普通人

---

① 此处的骑士是指欧洲中世纪的贵族阶层，由另一位骑士或封建领主册封才可拥有"骑士"头衔。骑士有自己的封地，同时必须为自己选择效忠的领主作战。在文学作品中，骑士是勇敢、忠诚的象征及英雄的化身。——译者注
② 乔瓦尼·皮科·德拉·米兰多拉，意大利文艺复兴时期的哲学家，他的代表作是《论人的尊严》。——译者注

感到震惊。当智辩家用平凡朴实的语言讲述要死得其所时，人们常常会产生强烈的情感共鸣。然而，很多时候，愤世嫉俗只不过是一些身健体壮的乞丐、总是提出各种苛刻要求而令人讨厌的正派人士及深陷淫欲泥潭却仍想保持好名声的人的伪装。

在日常用语中，智辩家通常用来指代两个社会阶层。为了得到大众的敬重，这两个社会阶层的人互相竞争，互相鄙视，又自命不凡。但实际上，他们的社交生活有很多相似处。对世人来说，他们几乎没有什么区别。其中，第一个社会阶层包括伦理学家和思想家。他们声称有积极的生活准则或永恒的真理，对其追随者而言意义重大。自从希腊哲学分为两大学派，在一定程度上，哲学的目标与方法也发生了改变。实际上，尽管柏拉图主义、逍遥学派①、享乐主义及斯多葛学派的名字仍然在沿用，但它们的界限越来越模糊，每种学说都失去了最初的鲜明特征。哲学已经失去了抽象推理的活力、魄力和辩证法的敏锐性，其研究主要集中在社会责任上。哲学对人类思想文化发展起到了重要的促进作用。它涵盖了异族宗教长期以来没能涉足的领域，守护了人类的良知与尊严。旧障碍被消除后，自然法则、地方惯例和传统标准在罗马帝国实现统一大业前被抹杀时，阿谀奉承开始削弱英雄气概时，民众不再认可法律权利而只承认一个反复无常的专制君主时，只有哲学岿然不动，始终建立在提高道德秩序的坚实基础上，仍然维护人类的尊严与荣誉。哲学不仅对身处学校、安静的学术园、花园及门廊的老师产生了影响，还对其他人产生了影响。哲学为老师赢得了名望、官职，以及作为权威人士公开演讲的机会。哲学丰富了贵族的精神世界。贵族经常借助哲学来认识世界。哲学对罗马帝国的统治也产生了重大影响，其影响力堪比宫廷贵妇的作用。一些哲学家拥有自己的社交圈子，他们说的话被奉为神谕。有时，哲学家会通过私人书信或者问答的方式指导朋友的言行举止。有时，哲学家聚会时讲的私密对话会被追随者写进日记里。传教士也

---

① 逍遥学派，古希腊哲学学派之一，由亚里士多德及其弟子创建，因亚里士多德与弟子边散步边讨论哲学问题而得名，所以也称为"漫步学派"。——译者注

以哲学家的身份从一个城镇游历到另一个城镇。他们拥有顽强的意志,使用朴实无华的言辞,用当地方言与人交流。他们崇尚苦行僧式的生活方式,谴责人性的贪婪。

当时,最伟大的伦理学家是爱比克泰德。史书中对他最早的记载是"被卖到罗马的奴隶"。早先,爱比克泰德将位于弗里吉亚的家送给了自己的罗马主人做宅邸。他的主人似乎为人粗俗不堪,欺软怕硬,从未仁慈地对待过他。据说,在一次荒唐的玩笑中,主人打断了爱比克泰德的腿,但这一说法并未得到证实。奇怪的是,之后主人竟然派一瘸一拐、体弱多病的爱比克泰德去听斯多葛学派最著名的老师讲课。这可能是因为主人觉得他身体太过虚弱,不能从事其他工作,所以才想让他从事文学工作。年轻的爱比克泰德很好地利用了这次学习机会。几年后,他获得自由,选择了一种自己喜欢的生活方式。当时,爱比克泰德虽然穷困潦倒,但很有耐心,勇敢而不张扬,通过自己的努力完全掌握了所学的一切知识。没有哪一位修士的房间能够比爱比克泰德的房间更简陋。他的卧室里只有一张简陋的床和一盏铁灯。铁灯被偷走后,他又换上了一盏陶土制成的灯。

爱比克泰德没写过任何作品,也未在公众面前假装自己是圣人。不过,与朋友聊天时,他总是娓娓道来。追随者纷纷聚集在他周围,聆听他对某个道德问题活泼而生动的阐释。一些追随者甚至记下了爱比克泰德说的话,并且在自己的生活圈中传播。爱比克泰德由此声名远扬。爱比克泰德的好友尼科美底亚的阿利安做了两点总结:一是爱比克泰德会用简短而严肃的语言记录生活准则,有点像将军对士兵的训话;二是爱比克泰德的餐桌谈话并不墨守成规,他总是以温柔和蔼的语气向听众传递心声。爱比克泰德避开了形而上学的细枝末节、所有悖论或讲究的文采。他的思想非常通透。他用最朴实无华的语言表达观点,偶尔会穿插突如其来的雄辩和生动的修辞。爱比克泰德的观点体现了斯多葛学派关于人要勇于承担责任的主张。长期以来,斯多葛学派的观念为成千上万以自我为中心、意志坚定的人指引了前进的方向。

伦理学家秉承的信条主要包括：承担责任；适时克制欲望；以高尚的情操对待一切转瞬即逝的财富和一切人类无法控制的事情，尽力始终保持理性，避免意气用事。很少有人能全部做到体现人性与尊严的事情。有时，爱比克泰德也会措辞严厉，对周围人提出苛刻的要求。例如，他要求人们不要因失去朋友、妻子或孩子而感到悲伤，也不要愚蠢地怜悯所爱之人遭受的疾苦，从而扰乱内心的平静。一个人要避免悲伤，就必须斩断情丝，因为悲伤本身就是一种对缺失之物的爱。如果没有同情心，那么我们充其量是品种优良、头脑敏锐的动物。

然而，爱比克泰德不能抹杀掉所有人类情感。谈到神的眷顾之情、神创造的道德之美及忘恩负义者的麻木不仁时，他使用的语言甚至达到了抒情诗的高度。爱比克泰德也不会让听众满足于只是拯救自己灵魂的自私想法。他希望人们永远记住人类的兄弟情谊，活着不仅是为了自己，也是为了整个世界。谈到真正的哲学家时，爱比克泰德会借用《圣经》中的观点：哲学家是受神感召、被神赋予恩典、具有崇高信仰的使徒，会毕生献身于传教事业。在对哲学家的描述中，也许是在无意识的情况下，爱比克泰德给自己树立了一面镜子，以便发现自己的不足之处。他用丰富多彩和热情洋溢的语言弥补了自身道德体系中禁欲主义的缺憾。

也许我们可以从史书中简要了解爱比克泰德的性格和思想。提到典型的犬儒学者[1]时，爱比克泰德说，如果一个人贸然闯入别人的领地，那么神会惩罚他。例如，主神宙斯曾派阿伽门农[2]率兵攻打特洛伊。阿伽门农手下的将领中，除了阿喀琉斯[3]，没人能打败特洛伊王子赫克托耳。当时，忒耳西忒斯[4]想

---

[1] 犬儒学者，犬儒学派的学者。犬儒学派是古希腊的哲学学派之一，创立者是苏格拉底的学生安提西尼，该派提倡回归自然、禁欲，否定社会与文明，鄙弃俗世的荣华富贵。——译者注
[2] 阿伽门农，希腊神话传说中的人物，迈锡尼国王，希腊联军攻打特洛伊时的联军统帅。——译者注
[3] 阿喀琉斯，希腊神话和文学中的英雄，在特洛伊战争中被称为"希腊第一勇士"，荷马史诗《伊利亚特》中的核心人物。——译者注
[4] 忒耳西忒斯，特洛伊战争中希腊联军最丑陋的士兵，为人粗俗，爱惹是生非。——译者注

阿伽门农

赫克托耳与妻儿

趁阿伽门农与阿喀琉斯内讧，直接取代阿伽门农的位置，结果却遭到了士兵的羞辱，并被驱逐。所以，一个人想要成为犬儒学者，要先仔细思考，估量一下需要付出的代价。对犬儒学者来说，只有一件破烂斗篷远远不够，除勉强度日之外，他们还需要更多东西，如象征权杖的木棍和钱财等。与此同时，他们还要粗鲁无礼地对待生活似乎过于奢侈或放纵的人。做一名犬儒学者并不难，但必

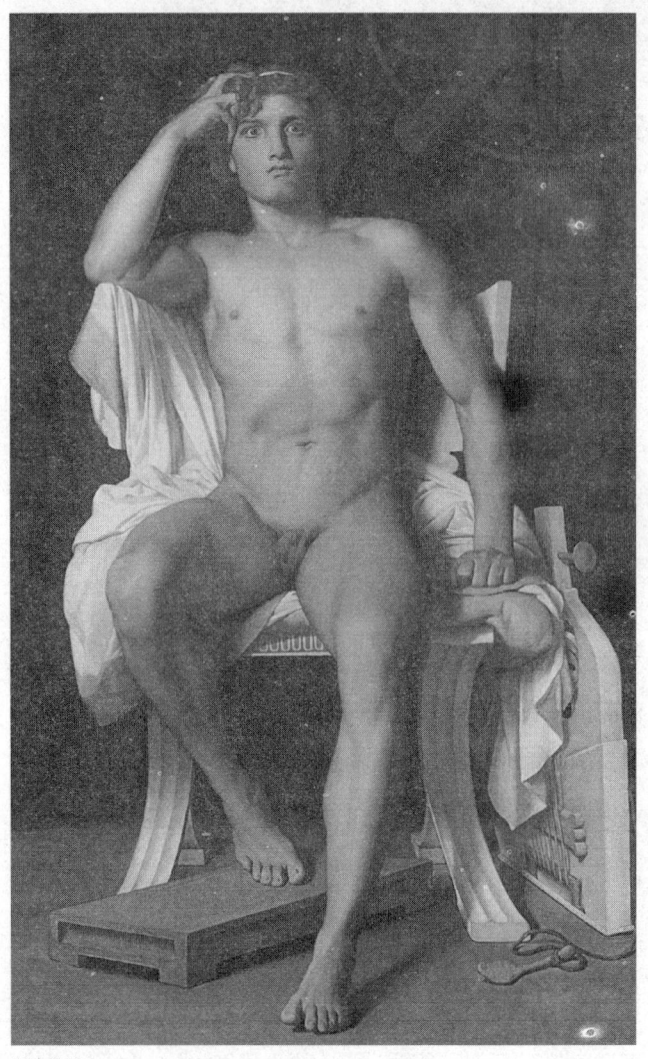

阿喀琉斯

须持之以恒，任劳任怨；根除虚妄的欲望，克服愤怒、嫉妒、怜悯等情绪；用荣誉感代替所有提防他人的想法；没有需要隐藏的秘密，不会因害怕被放逐或死亡而畏首畏尾；有信心在任何情况下都可以泰然处之，与神交流。这些都不是容易做到的事，但只有做到这些，才能成为一名真正的犬儒学者。真正的犬儒学者认为自己有一项使命必须完成，那就是成为一名真理传播者，去教导不辨善恶之人。犬儒学者既要做先知，了解安全途径，又要做预言家，警告同伴远离潜在的危险。他们会告诉世人真正的幸福不在于悠闲自得、财运亨通、位高权重，也不在于反复无常的事物中潜在的机会，而在于拥有精神自由、思想自由和行动自由。

世人会问，如果没有可珍视的美好事物，还有可能幸福吗？哲学家有义务证明，即使是无家可归、无儿无女、无牵无挂的流浪汉，身上只有一件斗篷，头顶只有蓝天白云，也仍然可以享受完全的自由，不受焦虑与恐惧折磨，也不用承受烦躁不安的痛苦。不过，任何人都不能轻率地认为，自己是应神的召唤去过这样的生活的，而不仔细考量其中的职责与危险。人人都需要好好反省自己，学习神的旨意，成为神的使者。有些犬儒学者也许会被激怒，像可怜的动物一样遭受殴打，但必须像爱兄弟一样爱施暴者。犬儒学者不能向皇帝或其臣属求助，只能向神求助，还要经受住神对自己的考验。在他们追求的理想世界里，没有使命的召唤，所有人都可以天真地享受平静家庭生活的幸福。没有妻子或家庭负担的士兵最乐于服兵役。而那些感受到神召唤的犬儒学者必须放弃作为丈夫或父亲的乐趣，必须超越公民职责的狭窄范围，牢记所有人都是自己的兄弟姐妹，整个世界都是自己生活的一部分。

爱比克泰德尽管对自我克制要求很高，但认为不应把禁欲主义或苦行僧式的悲观情绪作为生活目标。尘土或害虫没有圣洁可言。形容枯槁、满面愁容并不能赢得神的好感。传教士也没必要活得像乞丐一样。爱比克泰德认为，给自己强加苦难没有任何意义。他也不会要求世人像疏远叛徒一样回避生活中的乐趣。他只要求人们在追求理想的过程中坚持真理与荣誉，暂时放弃其他乐趣。

就像在旅途中，船靠岸时，你可以上岸取水，在岸边拾贝壳之类的东西，但必须保证船在你的视线范围内，并且当舵手招手示意时，你必须立即放下手头的事情回到船上一样。同样，在人生旅程中，有妻有子固然是好事，但要确保你已做好准备，当"舵手"召唤时，要立刻出发，不再回头。

狄奥·赫里索斯托姆的生平也许可以进一步说明安敦尼·庇护执政时期罗马人崇尚的哲学理念。他并非斯多葛学派哲学家，也不喜欢英雄主义论调。然而，正如爱比克泰德生动形象地描绘出我们想象中的圣人一样，狄奥·赫里索斯托姆觉得自己受到了神的召唤，要为他人无私奉献一生，要以满腔热情为每个阶层的人布道，并祈求神原谅。狄奥·赫里索斯托姆逐渐意识到自己的使命所在，记述了自己追求哲学的理由，以及为一些不值一提的小事做的忏悔。

当时，狄奥·赫里索斯托姆在家乡普鲁萨身居要职。之后，因为一场史上有名的动乱，他才去了罗马。在罗马，狄奥·赫里索斯托姆因能言善辩而闻名。后来，他因直言不讳而招致图密善的憎恨，所以不得不逃离罗马，开始流离失所的生活。在流浪期间，正如第一章已经提到的，图密善遇刺驾崩的消息传到北部边境营地时，狄奥·赫里索斯托姆出面平息了军团兵变。在流放的岁月里，他隐姓埋名，却无法隐藏自己的才华。他那破烂不堪的斗篷被看作犬儒学者的象征。经常有人向他征求意见。在诸如良心的问题上，狄奥·赫里索斯托姆的能言善辩起不了多大作用。因此，他不得不认真地思考重大的社会责任问题，并且以更高的智慧寻求真理。通过理性思考，狄奥·赫里索斯托姆认识到了人类愿望的虚荣，感受到了自己以前的目标是多么渺小，决心把自己能言善辩的口才献给比个人抱负更崇高的事业。对不同阶层民众的需求，狄奥·赫里索斯托姆一视同仁，并且愿意做焦虑、绝望之人的心理医师。他为社会繁荣时期很少有人认真思考而感到遗憾，也为人们在失去亲朋好友时总是向虚幻的神寻求安慰而感到遗憾。

我们对狄奥·赫里索斯托姆生平与性格的了解，主要来自他的作品。这些作品主要分为三类：第一类作品是与道德有关的文章；第二类作品是对任何听众都适用的布道词；第三类作品是他在流浪期间公开发表的演讲。从第一类作品中，我们可以看到，在学校的日常生活中，崇高的思想随处可见，富有人性。在一个建立在奴隶制基础上的社会里，狄奥·赫里索斯托姆不仅大声疾呼仁慈与怜悯，还对奴隶制本身的存在提出了质疑。他非常同情当时的工匠与农民，认为他们没有幸福可言，其社会地位也因希腊人和罗马人的目中无人而大大降低。谈到劳工的尊严与前景时，狄奥·赫里索斯托姆用一种前所未有的语气和无比生动形象的语言描绘了旅行者在厄维亚岛遭遇海难的画面，展示了城市生活与乡村生活之间的巨大差距，以及人们对大多数乡村居民的孤独感无动于衷的事实。

第二类作品反映了狄奥·赫里索斯托姆努力推动哲学影响世界的积极态度。作为和平的倡导者，他适时发表了睿智言论，缓解了世代仇恨带给人们的痛苦，减少了爱琴海地区小城邦之间长达几个世纪的相互猜忌。在罗马帝国的虎视眈眈下，这些小城邦能幸存下来着实不易。各个小城邦之间的争议主题有时是关于行省法院的选址问题，有时是关于某个小亚细亚大都市的荣誉称号问题，有时是关于渔业或畜牧业的微弱权利问题。这些争议导致敌对城邦的居民在街上发生冲突，并且引发激烈的争吵。最终，罗马统治者对这些动荡的小城邦及其虚荣的居民失去了耐心。在这种情况下，狄奥·赫里索斯托姆需要运用所有的聪明才智和辩论技巧，让各个小城邦的居民保持克制与忍耐。他积极协调，在改善各个小城邦之间的关系上发挥了重要作用。

狄奥·赫里索斯托姆非常珍视自己的尊严和独立性，既不屈从于聚众闹事的暴民，也不屈服于反复无常的皇帝。令亚历山大港民众非常震惊的是，狄奥·赫里索斯托姆一边公然蔑视他们放荡不羁的粗俗幽默，一边又巧妙地恳求他们尊重哲学。在皇帝面前，狄奥·赫里索斯托姆彬彬有礼，态度坚定。与图拉真谈论皇室的职责时，他既不失坦率，又能获得图拉真的信任。狄奥·赫里索斯托姆劝诫人们不要去追求虚无的荣耀,还亲自证明了这是一件非常危险和虚幻的事。很快,视狄奥·赫里索斯托姆为老师和朋友的城邦居民厌倦了他的劝诫。为了羞辱他,民众把别人的头像装在他的雕像上。因为自己出生于普鲁萨,狄奥·赫里索斯托姆对普鲁萨有特殊的感情。然而,普鲁萨民众在盲目的愤怒中背叛了他,向罗马总督控诉他是叛国贼。

狄奥·赫里索斯托姆事业的变动与普鲁塔克始终如一的平静生活形成了鲜明对比。普鲁塔克出身于喀罗尼亚的一个古老家族。他从古典艺术的源泉中汲取了灵感,曾在古典艺术发源地——雅典学习。青年时期,普鲁塔克前往罗马。在这里,除了承担为民众服务的职责,他还不时地发表公开演讲,并且充分利用各大图书馆收藏的文学作品及首都文化圈的思想与人交流。精力最旺盛的时候,普鲁塔克回到了家乡——喀罗尼亚,并且此后一直住在这里,以免这个小镇会遗忘他。在政府事务和宗教事务中,普鲁塔克正直、热情,赢得了所有乡邻及许多他国使臣的尊重。

普鲁塔克不希望思乡之情影响自己的判断力。但在希腊的鼎盛时期,他内心充满了深切的爱国主义情怀,不遗余力地为同胞谋福利。普鲁塔克告诉身边有理想、有抱负的年轻人,阅读伯里克利[①]的长篇大论和关于旧共和制的故事时,必须谨记那些年代已经一去不复返了,在集会中一定要谨言慎行,因为当时已经处在帝国时期了。普鲁塔克说,像孩子过家家一样,穿上父亲的官服,把自己打扮成大人,简直就是在浪费时间。然而,真正受尊重的人并不缺乏大展宏图的机会。打开家门,为流浪者提供庇护所;对他人的喜怒哀乐感同身受,不会因自己的肆意炫耀而伤害他人的情感;为粗心大意的人无偿地提供建议;让分离的朋友重新聚在一起;鼓励善行,打击阴谋诡计,为全人类谋幸福。无论是否有官职在身,这些都是一个公民终其一生需要履行的义务。

普鲁塔克以文学家的身份进行艺术创作。他并非只会取悦民众或者唤醒

---

① 伯里克利(前495—前429),希波战争到伯罗奔尼撒战争期间雅典的重要领导人,希波战争后重建雅典,鼓励文化艺术事业,开创了雅典最辉煌的时代,即"伯里克利时代"。——译者注

伯里克利

民众对英雄时代的记忆。他还是一位民众信任的伦理学家，以神的使者的身份引导人们践行良知。事实上，普鲁塔克不需要维护新的道德准则，也没有自诩进行原创性研究。他并不想让人眼花缭乱，也不想教导理性思维，而是想启迪人生，触动心灵，指导言行举止。亲友和邻居都会就生活中遇到的难题向普鲁塔克寻求建议。普鲁塔克也心甘情愿地与亲友和邻居分享自己的研究成果或反思成果。他像学校校长一样召开会议时，贵宾蜂拥而至，来倾听主题演讲，并且以严肃的态度聆听他的劝诫。有时，听众会受邀提出一个问题供大家讨论。不过，普鲁塔克不允许听众提任何轻浮的问题。当然，听众也不能表现得意兴阑珊，因为这样非常不礼貌，"就像受宴请的客人几乎不动主人摆在他面前的食物一样没礼貌"。听众必须时刻保持头脑清醒，"就像现在的网球运动员紧盯着网球一样"。听众必须谨记自己不是在剧场里闲逛，而是坐在一所伦理学校里学习如何调整自己的生活。演讲或者公众会议结束后，少数贵宾留下来与普鲁塔克进一步讨论问题。偶尔也会有饱受良心谴责的人留下来倾诉自己无处言说的苦楚，祈求聆听普鲁塔克触动灵魂的告诫。普鲁塔克家的大门永远敞开，任何需要鼓励或建议的人都可以自由出入。从这种熟悉的交往中，以及他们讨论的与良知有关的案例中，伦理学论述产生了。在罗马、雅典及喀罗尼亚小镇上，很多人都在阅读这些论述，同时将普鲁塔克关于道德论述的成果扩展到文学界。

　　普鲁塔克并不总是等着他人来求教，而是不时地去寻找那些似乎需要他指点的知己好友，满怀柔情地观察他们的行为举止，并且在日常生活中适时提醒他们。普鲁塔克会通过言传身教的方式来宣传哲学思想。他亲身测试了精神疗法的效果，以谦卑洗涤灵魂。普鲁塔克曾说过下面一段话：

　　　　我是为了别人才开始撰写名人传记的，但自此我喜欢上了这些名人。对我来说，这些名人的故事就像一面镜子，让我学会了用他们的美德来规范自己的生活。我仿佛与他们进行了面对面的交流。在屋檐下——迎接他们时，我会沉思他们的行为中没有展现出来的美好灵魂。

然而，普鲁塔克痴迷于研究古老的史书和浪漫的故事并非没有其他原因。事实上，普鲁塔克尽管富有同情心，宽厚仁爱，但思想有些守旧。在家里，普鲁塔克总是沉浸在书本的世界中。不过，由于住在希腊的一个小镇上，他对当时正在影响大众的新思想了解得不多。与此同时，基督教教会倡导令人耳目一新的高尚品格，普鲁塔克长长的古代圣贤名单里却找不到能与之媲美的品格。狄奥·赫里索斯托姆已经敢于对奴隶制提出质疑，并且像现代作家一样为无产者的悲哀和劳动者的尊严感慨万千。此后不久，马库斯·奥勒留向世人展示，谦虚谨慎、慈悲为怀可以在异教中绽放出美丽的花朵，而竭尽所能地追求完美在现实生活中很难开花结果。然而，普鲁塔克的宗教思想与道德观念似乎还停留在久远的柏拉图时代。尽管已经过去五个世纪了，普鲁塔克却没学会任何新的行事法则。

普鲁塔克相信，天上的神是统一的。尽管他意识到了偶像崇拜是一种虚荣的寄托，但对他来说，宗教的本质在于庄严的仪式，而不在于教义或生活准则。由于旧时的宗教信仰已消失殆尽，普鲁塔克不得不把无形的世界与神联系在一起，自由地运用奇思妙想来证明希腊神话是符合逻辑的。他始终坚信宗教具有神圣的教化作用。

在道德方面，普鲁塔克的理想仅限于培养和完善个人目标。他彬彬有礼，和蔼可亲。然而，他谈论的内容多是关于幸福的，而不是关于责任的。由于精神境界过于狭窄，所以他无法理解大奸大恶之徒与大善大义之人的行为。普鲁塔克的冷静从容会让人联想到希腊。在设计方面，神殿把简单的优雅与完美的艺术有机结合在一起，没有基督教教堂的阴郁与神秘感，也没有对未来世界的憧憬。

然而，当时大多数学者并不自诩有像普鲁塔克一样深刻的思想。他们回避哲学，就像回避一位言语刺耳、粗鲁无礼的导师一样。这些学者是文学艺术家、文字爱好者或修辞学家。流利的语言和温文尔雅的谈吐为他们赢得了享誉世界的好名声，也让他们获得财富与尊严。然而，他们没有为这个时代的知识发展做出贡献，也没有留下任何具有历史意义的不朽作品。

大多数学者研究早期演说家，探究特殊才能的奥秘。然而，自从共和国时期党派斗争使当权者尽情发挥自己的才能与激情，时代就变了。即使是法庭上的诉状，也有些冷冷冰冰，毫无生气。当时，所有重大案件都会被上诉到皇帝或官员面前。事实上，演说家试图让自己回到过去，重启历史上著名的辩论话题，并且把古代教条的争辩框架带入日常生活中。人们厌倦了这些陈词滥调时，演讲者就会借助悖论重新激发人们的幻想，甚至会用一些出乎意料的主题激发人们的好奇心，如歌颂发烧、秃顶、灰尘、烟雾，甚至是苍蝇和蚊虫，或者用一些逻辑不通的连词来验证他们的诡辩技巧或辩证法的微妙之处。对其他人来说，这些都无关紧要。就像小普林尼钦佩地赞美过的伊塞乌斯[①]或后来的即兴演说家一样，他们把选择权留给观众，只注重展示自己记忆中的各种形象及高超的演讲口才。他们的每个音调或每个手势都具有艺术价值。他们在辩论中使用的逻辑推理技巧经久不衰。

有时仅仅是选择哪种语言风格的问题。希腊人通常喜欢更简单清晰的风格。然而，罗马人的品位较高。他们对修辞学家昆提良所认可的西塞罗的卓越表现并不满意。因为罗马人采用的是拉丁语的标准，并且以能熟练地使用从老加图或昆图斯·恩纽斯那里收集来的古文字或短语为荣。能把这些借用的文采和谐地融入演讲中就是雄辩的证明。如果这种文学上的别出心裁足够多，那么思想贫乏和感情冷淡就没那么重要了。

来自锡尔塔的马库斯·科尔内留斯·弗龙托自称是安敦尼王朝时期的第一位演说家，有幸与三位皇帝成为朋友。其中，第三位皇帝是他的学生马库

---

① 伊塞乌斯，古希腊十大演说家之一伊索克拉底的弟子，古希腊著名演说家、政治家狄摩西尼的老师。——译者注

修辞学家昆提良演讲的场景

斯·奥勒留,也是他一生的挚友。20世纪初,听说在记载《卡尔西登会议法案》的羊皮卷下发现了马库斯·奥勒留与马库斯·科尔内留斯·弗龙托往来的书信时,学者们热切地期盼能阅读这些书信。然而,他们很快就对当时罗马盛行的迂腐思想与矫揉造作之风嗤之以鼻。令人惊奇的是,马库斯·科尔内留斯·弗龙托把自己最喜爱的艺术称为当时唯一严肃的学科。他提出了以下观点:

> 哲学不需要固定的风格,不注重文辞藻饰,也不要求有激动人心的话语。老师可以喋喋不休地开办枯燥乏味的专题讲座。学生的才智却几乎不会受到负面影响。学生只需要懒洋洋地表示同意,或者发表几句乏味的评价就可以了。老师慢悠悠地说着"第一""第二",用一些新学的词进行老生常谈时,学生可能会处于半睡半醒的状态。这样一来,学习的过程就结束了——不需要晚上熬夜学习,不需要背诵或朗诵,也不需要仔细研究同义词的用法或翻译方法。

马库斯·科尔内留斯·弗龙托认为,要让哲学规范道德行为只是一种假设。哲学涉及的范围很广,足以涵盖各个思想领域。修辞学的使命是通过有说服力的演讲触动情感,指引人们。语言无比神圣,非常珍贵,即使不善言辞之人也不能等闲视之。至于思想,只要演讲措辞贴切,就不会缺乏思想。尽管马库斯·科尔内留斯·弗龙托也有老学究的虚荣心,但从他的书信中可以看出,他是一个坦率真实、头脑简单的人。他会维护自己在文学艺术界的声望,对靠微薄收入生活心满意足,从不利用自己对马库斯·奥勒留的影响力来谋取财富或荣誉。

很少有人像马库斯·科尔内留斯·弗龙托一样,只要能充分展示自己的才艺就知足了。实际上,智辩家的收入很高,可以拥有奢侈的生活。从修辞学到哲学的转变非常明显,就像脱离世俗的快乐、变成戴大兜帽的修士一样明显。然而,正是在隶属于罗马帝国的希腊各城邦中,智辩家以最自信的姿态展示了自

老底嘉的帕雷蒙

己的辉煌成就,并且控制公众的思想。当时,安纳托利亚处于辉煌鼎盛时期的城镇中,流行着一种时尚艺术和文学。犬儒学者以作家和评论家的身份为这种时尚艺术和文学定了基调。

大名鼎鼎的老底嘉的帕雷蒙,是很多人引以为傲的亚细亚大都市士麦那的城主。他把自己的家安在士麦那而不是临近的城镇上,因为士麦那有"缪斯女神的庇护所"之称。出行时,老底嘉的帕雷蒙乘坐的敞篷马车上挂满了银饰,后面还跟着一长队奴隶和猎犬。据说,老底嘉的帕雷蒙非常骄傲自大,认为市政当局的地位远不及自己,只有皇帝和神可以与自己平起平坐。士麦那因其居民而享誉内外。为了听老底嘉的帕雷蒙演讲,学者蜂拥而至。争吵不休的不同派系学者因老底嘉的帕雷蒙的斥责而感到羞愧。听了老底嘉的帕雷蒙对和平的颂赞后,他们忘记了彼此的争吵。为表敬意,哈德良封赏老底嘉的帕雷蒙,慷慨地赏赐了他很多财物。哈德良甚至把自己对以弗所的喜爱转移到了士麦那，并且赐给老底嘉的帕雷蒙一大笔钱来美化士麦那。老底嘉的帕雷蒙的自大完全可以与他的名望相提并论。在雅典演讲时，他不像其他演说家一样以赞美这座闻名遐迩的城市作为开场白，而是语出惊人地说："雅典人啊，你们享有盛誉，很快我就会知道你们是否配得上这样的盛誉。"有一次，一个雄心勃勃的年轻人为了名扬四海，前来挑战老底嘉的帕雷蒙，请他选个时间展示一下自己的才华。老底嘉的帕雷蒙毫不犹豫地做了一段即兴演讲。听过演讲后，这个年轻人心知自己毫无胜算，便趁着夜色灰溜溜地逃走了。哈德良为雅典神殿举行庄严的落成仪式时，民众认为没有老底嘉的帕雷蒙的公开演讲就不算一场完整的仪式。辉煌的一生即将结束时，老底嘉的帕雷蒙对站在床边的崇拜者说："一定要保证我的坟墓牢不可破，不要让太阳照射到我。一切都将归于沉寂。"

与此同时，以弗所的民众把法沃里努斯从其家乡阿尔勒请来。法沃里努斯的卓越才华为以弗所带来了荣耀。然而，以弗所以前还有一位杰出学者。这位学者与法沃里努斯都无法容忍身边有一个强大的竞争对手存在。于是，双方展开了一场警句、隽语与恶言恶语兼具的"口水战"。他们的支持者也加入各自阵营来壮大声势。在帕加马，麦西尼的亚里士多德斯[①]虽然还在教书，但放弃了哲学，整日流连于剧场及其他享乐场所，令古板严肃的学者感到震惊又愤慨。当时，即使是一些规模较小的城镇也有自己的修辞学校和智辩家。

雅典的知识界因有一群才华横溢的人而星光熠熠。雅典有自己的大学，有政府捐赠的桌椅，有许多优秀的教师。最重要的是，它拥有更加引人注目的赫罗德斯·阿提库斯。赫罗德斯·阿提库斯把自己的巨额财富、丰富学识和高雅品位都献给了故乡，使雅典在文坛上备受称赞。赫罗德斯·阿提库斯的父亲提比略·克劳狄乌斯·阿提库斯·赫罗德斯出身于雅典的一个古老家族。提比略·克劳狄乌斯·阿提库斯·赫罗德斯曾在家中发现一个大宝藏。但在涅尔瓦

---

① 麦西尼的亚里士多德斯，1世纪左右西西里岛的一位逍遥学派哲学家。——译者注

赫罗德斯·阿提库斯

承认该宝藏属于其家族之前,他不敢宣称自己对这个宝藏持有所有权。对宝藏的使用,提比略·克劳狄乌斯·阿提库斯·赫罗德斯非常慷慨,经常在家中宴请客人。到他临终前,几乎全镇人都借过他的钱。他不遗余力地为儿子的教育投资,为其聘请的都是当时一流的老师。赫罗德斯·阿提库斯成绩优异。年少时,他被带到潘诺尼亚,在哈德良面前展示口才。然而,因一次明显的失败,年轻的赫罗德斯·阿提库斯自尊心严重受挫,非常绝望,差点跳入多瑙河自杀。他怀着失落的心情回到家后,再次踏上求学之路。在雅典和小亚细亚担任罗马帝国的地方长官期间,他积累了大量知识,还与杰出学者交流,形成了自己的风格。在罗马生活了几年后,赫罗德斯·阿提库斯最终回到故乡安顿下来,从此成为雅

奥鲁斯·格利乌斯

典社会的中心人物,被公认为当时最知书达礼、不会傲慢地炫耀财富的人。很快,赫罗德斯·阿提库斯吸引了雅典大学极具前途的一些学生。对学生的到来,他表示热烈欢迎,始终如一地鼓励和帮助他们。奥鲁斯·格利乌斯[①]描绘了赫罗德斯·阿提库斯关照勤学苦练的学生的愉快场景。

> 在雅典求学时,赫罗德斯·阿提库斯经常请我们到塞菲西亚的乡间别墅。我们在大片树荫下躲避盛夏的烈日,在豪宅里愉快地散步。凉爽的院落和波光粼粼的水池让街头巷尾都回荡着水花飞溅的声音和鸟儿的歌声。

---

① 奥鲁斯·格利乌斯,2世纪罗马的作家和语法学家,代表作是《阿提卡之夜》。——译者注

许多想扬名立万的学者都曾来到雅典,兴奋地聆听赫罗德斯·阿提库斯的演讲。听众散去后,少数享有特权的人会留下来评论演讲。赫罗德斯·阿提库斯会全神贯注地倾听他们的评论。此时,演讲厅不再掌声如雷。

不过,如果有著名的演说家来到雅典发表公共演讲,赫罗德斯·阿提库斯就会和朋友一起来捧场,向杰出的陌生人致以谢意,并且在致谢中展示自己的演讲口才。事实上,并非所有人都会受到这种热情接待。一个叫菲拉吉尔的人到雅典前,轻率地给赫罗德斯·阿提库斯写了一封傲慢无礼的信。到达雅典时,菲拉吉尔发现自己计划演讲的剧场里挤满了赫罗德斯·阿提库斯的追随者。随后,这些追随者发现菲拉吉尔的高谈阔论不过是旧词新唱。他们嘘声四起,喝倒彩,把可怜的菲拉吉尔赶下台,不给他任何挽回声誉的机会。有时,演说家自身的才能并不足以使自己摆脱虚荣心的困扰。埃利乌斯·阿里斯提得斯曾希望在泛雅典娜节发表演讲,因害怕遭到竞争对手的嫉妒与反对,向评委会提交了一份软弱无力、平淡无奇的演讲稿。然而,埃利乌斯·阿里斯提得斯真正演讲的内容比他提供的演说稿精彩得多。对此,赫罗德斯·阿提库斯感觉自己被骗了。

赫罗德斯·阿提库斯特别注重措辞的纯正性。众所周知,他并不满足于以过去最好的模式形成自己的风格。他甚至参考了一位住在阿提卡市中心的老隐士的语言特点。"住在这个地方,"赫罗德斯·阿提库斯解释道,"阿提卡人说的阿提卡语最纯正,这里的古老民族还没被陌生的外族取代。"我们可能会发现赫罗德斯·阿提库斯喜欢古代文体的奇怪例子。事实上,赫罗德斯·阿提库斯纪念碑上的部分碑文是用古希腊文写的,这似乎说明他想复兴古代文体。

对希腊伟大宗教中心的尊重,也体现了赫罗德斯·阿提库斯对过去的崇敬之意。他并未像哈德良那样用庄严的艺术品装饰雅典,而是出资建造了新神殿和剧场来表达对德尔斐、科林斯和奥林匹亚的敬意。希腊的许多地方都有赫罗德斯·阿提库斯赞助的艺术品。为了迎合当时的流行趋势,他花费巨资打造艺术品。唯一的遗憾就是他放弃了在科林斯地峡开凿一条运河的想法。

尽管赫罗德斯·阿提库斯学术成果卓著，广施恩惠，但雅典人还是对他感到厌倦了，或者说强大的对手联合起来想要摧毁他。马库斯·奥勒留忙于马科曼尼战争时，赫罗德斯·阿提库斯因压迫罪被上诉到行省总督面前，随后被带到了塞尔曼。小福斯蒂娜一直对赫罗德斯·阿提库斯存有偏见。她教导口齿不清的小皇子为雅典人民祈福。遭受丧亲之痛与民众的背信弃义后，伟大的演说家赫罗德斯·阿提库斯彻底崩溃了。他拒绝为自己辩护，甚至在突然被带到马库斯·奥勒留面前时破口大骂。然而，他对马库斯·奥勒留的指控都没有证据。当然，马库斯·奥勒留也不会因为几句话就草率地给老朋友定罪。

　　到访过赫罗德斯·阿提库斯位于塞菲西亚的别墅的人中，可能有一个叫阿普列尤斯的学者。他离开迦太基，到雅典的演讲厅和图书馆继续自己的研究。阿普列尤斯既是一位哲学家，也是一位诗人、浪漫主义学者和修辞学家。他很

阿普列尤斯

好地诠释了诡辩训练的多面性。当时，在整个罗马帝国，诡辩训练已经普及。阿普列尤斯是当时社会特征的一个奇特例证。他把自己的性格特征与社会特征结合起来，贯穿在各类作品中。其中反映的道德与宗教倾向在当时的其他作家身上也有体现。

第一，阿普列尤斯在思想或风格上没有独创性。他的每部作品都受到了希腊模式的影响。其著名小说《金驴记》是根据卢奇安的一个故事改编而成的，时喜时悲的剧情奇怪地穿插在一起。其中，对豪放大胆的绿林大盗及令人毛骨悚然的魔法的描述，都是从希腊浪漫主义故事中随意取材的。阿普列尤斯发现，许多国家都有类似的故事，如丘比特和普绪喀①的美丽传说就富有传奇色彩。这类传说为阿普列尤斯笔下平淡无奇的小说提供了素材，使他茅塞顿开。只有比阿普列尤斯更纯洁、更高贵的心灵才能想出这样的故事。阿普列尤斯富有诗人的想象力，其文风可以轻松地从严肃过渡到愉快。不过，他的学识有限，一些不恰当的古语和华而不实的辞藻反倒破坏了其作品价值。

第二，阿普列尤斯的作品缺乏完美艺术的淳朴自然。他过于追求轰动效应和炫耀作品的别出心裁，仿佛在向演讲厅里的掌声发起挑战。他的每部作品都包含生动的开头、精选的段落和感人的结尾。然而，这些内容是从许多公开演讲中收集来的，很像是为初学者提供的范文。

第三，作为一名严谨的哲学家，阿普列尤斯阐释了当时普遍存在的折中主义精神。他认同柏拉图理论中关于世上有超自然和不朽灵魂存在的看法，相信未知世界中充斥着等级不同的妖魔鬼怪：它们在人类世界中穿梭，用鬼影吓唬世人，有时还会通过魔法和咒语控制人的意志。这与希腊神话中的圣人形象或思想完全不同。

---

① 普绪喀，希腊神话中的一个人物，人类灵魂的化身。在阿普列尤斯的《金驴记》中，普绪喀是一位美丽的人间公主。女神维纳斯嫉妒她的美丽，便派儿子爱神丘比特向普绪喀射一箭，使她爱上一个丑陋的怪物。丘比特被普绪喀的美貌吸引，不小心让金箭划伤了自己，爱上了普绪喀。几番波折后，在诸神的帮助下，丘比特和普绪喀终成眷属。——译者注

第四，在阿普列尤斯身上，一种超人的洞察力及一种神秘的恐惧感奇妙地结合在一起。在小说中，阿普列尤斯生动地描述了一些人伪装成神职人员到处招摇撞骗。他们在世界各地游历，利用虔诚信徒的胆怯和轻信捞取钱财。然而，那个时代受过教育的人，除埃利乌斯·阿里斯提得斯之外，都没有受到迷信的深刻影响。所有神秘的古老信条对埃利乌斯·阿里斯提得斯都有强烈的吸引力。他渴望参加神圣的仪式，揭开世人看不见的神秘面纱。谈论以神圣的形式打开幻想的大门、启迪思想时，他总是激情四射，无比兴奋。

我们已经看到，安敦尼王朝的学者几乎完全依赖前几个时代的知识积累。在修辞学、历史学、宗教和哲学领域，他们都以过去积累的知识为依据，重新提出观点相反的话题。在阿普列尤斯容易轻信又知识丰富的头脑中，所有的文学思潮都可以和平共处。然而，在卢奇安看来，文化打破了所有偶像崇拜形式，民众失去了信仰、真诚和自尊。

萨莫萨塔的伟大讽刺作家卢奇安，尽管生于叙利亚，但其才能和语言都是纯粹的希腊模式。卢奇安早年学过雕刻，但很快就放弃了，转而致力于写作。在安条克的酒馆里几乎没有取得任何进展后，他开始了智辩家的游历生活。与其他智辩家一样，卢奇安通过鹦鹉学舌式的歌功颂德来获得闲散听众的赞赏。中年时，卢奇安厌倦了这种无聊的生活，找到了一种更适合展现自己才华的文学风格，创作了许多对话集与散文。他把各种形式的思想、信仰和社会风尚一一呈现在读者面前，但并没有刻意追求庄重、典雅的风格。

揭露早期希腊神话故事中荒唐可笑的细节并不是一件难事。许多作家曾试图证明，这种幼稚的幻想与所有道德准则和严肃的思想格格不入。然而，卢奇安用一种完全漫不经心的语气来看待这些荒唐可笑的细节，没有丝毫兴奋与激情，也没有公然抨击。在卢奇安的对话集中，希腊诸神毫不避讳地谈论着自己的虚荣心与激情，言辞直白得令人反感。

卢奇安对东方国家宗教崇拜的各种形式嗤之以鼻。而安敦尼王朝时期，为了满足个人崇拜的强烈需求，公众开始崇拜东方国家的宗教中的各神。卢奇安

摩摩斯

的作品描绘了民众的轻信心理。他们希望在异国宗教仪式的感召、神秘和刺激中寻求新的精神慰藉。卢奇安还生动地描述了希腊诸神的惊愕神态。希腊诸神发现,自己的议事厅里挤满了形态各异、互不相识的神。嘲弄、谴责与讽刺之神摩摩斯挺身而出,表示抗议,拒绝接受外来的神与希腊诸神平起平坐。

阿提斯

　　阿提斯①、科律巴斯②、萨巴兹俄斯③及密特拉④一句希腊语都不懂，一问三不知，这非常糟糕。不过，希腊诸神还可以勉强忍受他们。然而，裹着像木乃伊一样的衣服的埃及人，脖子上顶着一个狗头⑤。他吠叫时，有什么颜面让信众倾听呢？孟菲斯斑驳的公牛身后跟着女祭司和长队神职人员，又是什么意思呢？我很惭愧地告诉大

---

① 阿提斯，弗里吉亚的一个农业神。——译者注
② 科律巴斯，伊阿索斯与亚洲大地女神西布莉的儿子，弗里吉亚的祭司。——译者注
③ 萨巴兹俄斯，弗里吉亚和色雷斯的骑士之神及天空之父。——译者注
④ 密特拉，古代印度、伊拉克掌管光明和善行的神，后来也是太阳神。——译者注
⑤ 此处是指埃及神话中的亡者与坟墓守护神阿努比斯。——译者注

家,埃及人把所有圣鹮、猿猴、山羊和成千上万个更加荒谬的其他事物当作神,用来蒙蔽我们。我不能理解,各位朋友,你们怎么能忍受让他们得到与你们一样的殊荣,甚至有些神的地位已经超过你们了。朱庇特,你怎么能让他们把羊角挂在头上呢?

有人提醒摩摩斯,这些都是神秘的象征,而一个不了解情况的局外人绝不能嘲笑他们。摩摩斯也承认,只有各宗教的创始人才能区分哪些是怪物,哪些是神。

卢奇安的戏谑并非来自比狂热崇拜更纯粹的宗教信仰。对宗教信仰,他持绝对怀疑态度,认为其毫无激情可言。在卢奇安看来,未知世界不会有更高层次的生命,人死后也不会变成神或圣人。他对既定信仰的攻击并非无稽之谈。卢奇安毫不留情地嘲笑即将封圣[①]的人,说他们非常狂妄地表示对财富与荣誉不屑一顾,他们唯一的追求是世人的敬重,他们能很好地控制愤怒的情绪,将自己与为世界做出过杰出贡献的人相提并论。然而,他们想要成就一番事业,就必须付出代价,并且免不了要接受富人的钱财资助。

卢奇安详细描述了自己在为吝啬、目不识丁的主顾服务时遭受的屈辱,或者在为某个想要提高品位的贵妇培训时被贬低到与侍女一样的地位,甚至被命令看管贵妇最喜爱的狗,并且处理狗的排泄物。卢奇安的作品逐一呈现出几种从事哲学领域工作的激进分子形象,包括备受欢迎的演说家、穿着犬儒学者服装的传教士、预知未来的先知、奇人异士、占星家及江湖骗子。这些人都是激进分子。实际上,他们或多或少都拥有以下物品或特征:一根象征权杖的木棍、一件斗篷或一个钱包,以及厚颜无耻或巧舌如簧的品性。

卢奇安喜欢并敬重古代那些大名鼎鼎的思想家吗?事实并非如此。在拍卖会现场,几位历史名流的名字出现了。对他们的作品,卢奇安出价很低。这说

[①] 封圣,基督教的一种宗教仪式,是指正式承认某个人成为基督教的圣人。圣人一般都是殉教者或者有重大贡献的教徒,是基督教教徒的典范。——译者注

明他不看好这些作品的价值。卢奇安曾为希腊著名伦理学家们画了一幅亡灵图,却没有刻意去改变他们声名狼藉的形象。

就这样,玩世不恭的卢奇安带着讽刺的意味敲响了宗教信仰与古代政治体制的丧钟。在他缺失人文关怀的笔触下,天才人物与英雄形象,坚定信念与崇高思想,似乎一个接一个地化为灰烬,归于尘土。他认为,宗教不过是老妇人口中所讲寓言故事的延续,是滋生某种超自然力量的摇篮;宗教哲理是虚幻的;热情是宗教欺骗世人的伪装;宗教生活是一场不光彩的争夺战,没有阳光照耀,任何信仰或希望都无法从绝望的自卑中解脱出来。

第9章

安敦尼王朝时期罗马帝国的行政机构

精彩看点

皇帝拥有绝对统治权——皇帝特别信任的四个官职——罗马市政官和禁卫军长官地位较高——行省总督的职权——市政自治权——地方自由缺乏永久性保障——税收的压力——行政体制越来越官僚——市政议员职位变成了沉重的负担——工商业领域子承父业成为一种负担

安敦尼王朝时期，皇帝拥有绝对统治权。国家层面没有任何制衡皇帝权力的法典或条例。残存的珍贵法典也是由于皇帝默许才保留下来的。从表面看，安敦尼王朝的贵族享有高官厚禄，但实际上没有实权。罗马元老院开会的目的，是给皇帝提出建议，或者以正式形式通过皇帝颁布的法令。然而，罗马元老院完全没有掌控权。各行省的地方自由几乎不受中央政府干涉。市政自治也没有受到皇帝的猜忌。不过，皇帝可以随时将地方自由与市政自治搁置一边，或者将其作为压迫国民的工具。此时，帝国政府正在缓慢地从人心涣散的共和形式向专制制度过渡。与后来广泛存在的官僚机构相比，安敦尼王朝时期，罗马帝国中央政府机构寥寥无几。

起初，官员是皇室的仆人，后来才出现了骑士职位。皇室最初的组织形式与罗马贵族家庭一样。受过教育的奴隶或自由民通常来自希腊。他们负责在富人家里写信、整理图书或管理账目。他们担任各种各样的职务。部分人做卑贱的工作，部分人从事机密要职。由于缺乏经验丰富的政府官员和公职人员，早期的皇帝会把自己的家仆当作左膀右臂，让其帮助自己处理大量政务。软弱无能的皇帝往往会成为自己手下傲慢无礼的仆人攫取财富的工具。仆人往往通过帮助皇帝解决烦恼或将皇帝的恩惠卖给出价最高者来赚取巨额金钱。

然而，2世纪的皇帝们非常强大。他们思想独立，不曾屈从于此类卑鄙的幕后阴谋。因此，这一时期关于罗马帝国自由民的负面影响的记载很少见。不过，哈德良任命渴望在晋升阶梯上爬得更高的骑士时，自由民担任的直接服侍皇帝的职位看似很有尊严，实际上已经被剥夺了实权。在这些职位中，只有以下四个职位能得到皇帝的特别信任。

第一，财务官，即御用财政官。财务官掌管着国库和皇帝所有财政收入的账目，是最重要的职位。诗人斯塔提乌斯描述了一个历任几位皇帝的财务官的自由民：他权力大、责任重、工作繁杂。这段描述的主要内容如下：

> 罗马帝国的所有物产都由财务官全权负责，无论它们来自帝国的哪个角落，如伊比利亚半岛金矿的金子、埃及的谷物、东部海域的养殖珍珠、塔林敦的羊群、亚历山大港手工厂制造的透明水晶、努米底亚森林的木材及印度的象牙制品。所有开支也由财务官负责。所有军队的日常物资都要经过财务官之手。用于储备罗马粮仓、修建沟渠和神殿、装饰皇宫及维持皇家铸币局正常运转的资金也都由财务官负责调度。财务官没日没夜地工作，寝食难安，没有时间参加社交活动，更别提寻欢作乐了。

第二，国务秘书，即皇帝的书记官。国务秘书当然需要具有很高的文学水平及精彩绝伦的文笔。诗人斯塔提乌斯说："国务秘书必须能加快皇帝的公文在全国传播的速度，能指导部队行军，能从征服军占领的莱茵河、多瑙河、幼发拉底河及图勒最偏远的地方接收胜利的喜讯。他要起草任命官员的文书，让民众获悉谁获得了百夫长[①]或护民官的职位。国务秘书必须跟踪了解尼罗河的水位是否上升到了庄稼丰收需要的高度，埃及是否有降雨，并且开展成百上千

---

① 百夫长，罗马军团中的军官，领导一个百人队，战时负责指挥作战，平时负责组织军事训练。——译者注

罗马军团中的百夫长

次类似的调查。无论是伊西斯还是墨丘利①，都得不到这么多的最新消息。"后来，国务秘书处负责统领两个部门，一个是希腊语部，另一个是意大利语部。当时，希腊语部备受瞩目。希腊语因文风淳朴、语言优美而受到追捧。在希腊语部任职的官员认为升职加薪是迟早的事。

第三，护民官。护民官有义务打开臣民写给皇帝的请愿书或投诉书，可能还需摘录其中的内容。如果小塞内加②描述的情况属实，护民官的任务应该十分艰

小塞内加

① 墨丘利，罗马神话中的一个神，负责为诸神传递消息，也是旅行者、商人和小偷的保护神。——译者注
② 小塞内加（前4—65），古罗马政治家、哲学家及剧作家。——译者注

巨，因为卸任该职的盖乌斯·尤利乌斯·波里比阿称自己几乎没有时间抚慰内心的悲伤。在小塞内加的描述中，盖乌斯·尤利乌斯·波里比阿说了下面这番话：

> 你要听那么多人的请愿与诉求，要整理那么多文件，还要从一大堆杂乱无章的事务中挑选出紧急事务呈给皇帝。你必须拥有坚定不移的勇气，绝不能哭，因为你要倾听很多请愿者的哭声。要想擦干这么多身处困境之人的眼泪，并且帮他们赢得仁慈的皇帝的怜悯，你必须先擦干自己的眼泪。

第四，宫廷内侍。宫廷内侍往往因其能力与口才而具有一定的影响力。最初，这一职位似乎有些不太体面，因此主要由奴隶或自由民担任。不过，随着宫廷越来越多地采用东方国家的观念与语言，宫廷内侍在民众心中的地位越来越高。有时，宫廷内侍甚至会凌驾于软弱无能或邪恶残暴的皇帝之上，就像法兰克王国宫廷的宫相①曾战胜傀儡国王一样。

皇帝在官场上的朋友拥有很高的社会地位，是罗马的显要人物。他们因皇帝的信任而受世人敬重，并且作为御前会议或顾问团的成员向皇帝提建议。他们会与皇帝讨论国家大事——每次参与讨论的人数由皇帝决定。罗马贵族一直沿袭着一个古老习俗，即按照官职级别和影响力来划分朋友。皇帝的宫廷也是按照同样的模式建立起来的。对追求名利的人来说，要跻身御前会议和顾问团这两大特权阶层并非易事。每次外出巡视，皇帝都会从御前会议成员中挑选随行人员。这些随行人员的一切花费由皇帝承担，包括膳食。1世纪，这种显赫地位存在一定风险。对喜怒无常、疑神疑鬼的暴君来说，哪怕是一句话或者一个眼神都足以让其臣子丢掉官职。不过，安敦尼王朝时期，情况乐观得多。该时期，御前会议成员备受尊重。只有国事需要时，皇帝才会请他们列席，但不

---

① 宫相，中世纪法兰克王国的一个官职，掌管宫廷政务并辅佐国王的亲近官员，后来逐渐掌握了法兰克王国的实权。——译者注

会让他们亲自侍奉自己，或者仅仅是为了社交需要而随时召集他们。最终，御前会议大臣成为一个纯粹的荣誉称号，被视为皇帝的朋友或行宫伯爵①。

与现代国家官员不同的是，罗马帝国的官员不会被指派到诸如现在的战争部、内政部、财政部等重要部门任职，但在严格规定的范围内，每位官员都拥有一定权力。罗马市政官、禁卫军长官、行省总督与军事护民官等，都直接听命于皇帝。其中，在地位和皇帝的信任程度上，有两个职位高于其他职位。一是罗马市政官。皇帝不在罗马时，罗马市政官会代表皇帝维持首都的社会秩序。罗马市政官可以全权处理罗马的治安问题，有权对奴隶或扰乱治安的人采取直接行动，由此逐渐拥有了一种类似高级法院刑事管辖权的权利。二是禁卫军长官。起初，禁卫军长官只是罗马卫戍部队几千名士兵的指挥官。军团在远离首都的边疆作战时，禁卫军的士气至关重要，因其可能会影响皇帝的安危。有时，禁卫军的忠诚似乎是靠金钱、荣誉或婚姻关系维系的。有时，皇帝会同时任命两名禁卫军长官，通过让他们竞争达到制衡双方的目的。不过，对皇帝来说，禁卫军始终是很危险的。4世纪，禁卫军被全面禁止佩剑入殿，会有单独的指挥官收取禁卫军携带的剑。当时最杰出的律法学家已经被任命为政务官②，取代了早期皇帝在司法部门担任的职位，并且最终形成了具有民事审判权的最高法院。

除意大利半岛外，整个罗马帝国被划分为若干行省。每个行省的地方政府都由罗马派来的一位长官管辖。被兼并后一直和平安宁并且不需要武装力量驻守的地方，则由罗马元老院派出一名总督③管理。对于边境及其他有动乱或内战的危险地方，皇帝会以自己的名义委派一名将领，并且赐予他一定特权。毫无疑问，残暴和贪婪的现象时有发生，但像共和国时期那种滥用职权的现象早就不存在了。皇帝和元老严密监视官员，并且严厉制裁违法者。各行省的

---

① 行宫伯爵，罗马帝国时期皇帝赐给身边近臣的一种贵族头衔。——译者注
② 政务官，古罗马最高级别的官员之一，负责司法和行政事务。——译者注
③ 一般是资深罗马执政官或资深裁判官。——原注

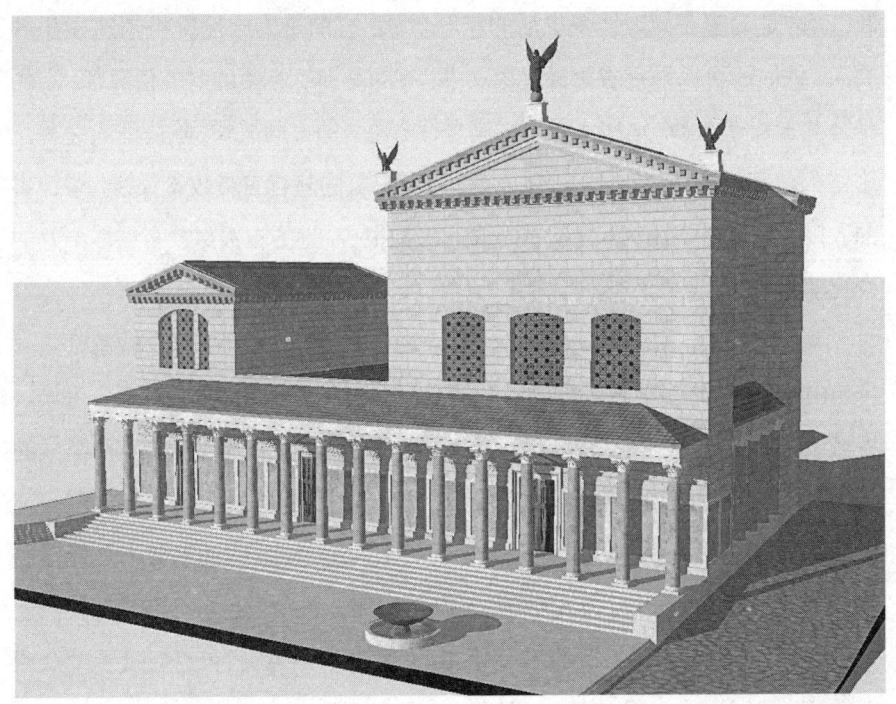

罗马元老院复原图

知名人士都在罗马元老院任职。在罗马元老院，所有真正的冤屈都能得到申辩的机会。每个地区都有一名皇帝的代理人，随时记录和上报所有叛国行为。此类文书由政府专门设立的驿站快速运送至皇帝手中。皇帝和元老很少安排文官参与武装部队的管理。政府部门给官员支付固定俸禄，有效遏制了贪污腐败。帝国统治不再只是代表罗马或贵族的利益。尽管身居高位的统治者备感孤立无援，但逐渐消失的优良品德在罗马民众中再次焕发生机，改善了罗马城令人窒息的氛围。

到地方任职时，每位行省总督都会带一队随行人员。其中，一些人得到了国家的明确批准，可以享受相应待遇。这些随行人员中，有的是深得行省总督信任的密友，他们经验丰富，能力超群，可以为行省总督提供帮助；有的是受过培训的律法学家，可以在法庭上担任陪审员，指导行省总督做出正确的判断；有的是渴望在异国他乡生活的年轻贵族；有的是为旅途提供消遣娱乐的文人，他们还可以为行省总督起草文书；有的是训练有素的财务预算师；有的是公共工程建筑师。这些人员可以满足行省总督的不同需求。除公证人之外，这些人员都不是常任官员。总体来说，行省总督的随行官员数量很少，与行省的人口和规模不成比例。由于中央政府机构很少，地方自治尽管有很多不好的变化即将发生，但仍然得到了尊重。

对市政自治，罗马帝国的皇帝没有表现出多少猜忌。几乎每个城镇都是一个自由的个体。许多地方发展的行政形式都没有受到中央政府的干扰。每年，各城镇都会选举产生地方治安官，并且由地位显赫的公民和上一任官员组成的城镇会议负责处理所有与公众利益有关的事务。罗马的公众议事集会沉寂很久后，公民大会不定期举行，积极讨论公民生活细节。这些活动并不是掩盖民众受奴役现实的无聊形式。在管理城镇事务方面，民众发现自己仍然有积极参与的空间，有机会实现自己的雄心壮志。与此同时，帝国官员也会赋予民众应有的荣誉。

我们只需要追寻安敦尼王朝一些主要行省的历史，翻一翻遗留在石头或青铜器物上的无数铭文的副本，从外在形式看看昔日共和国遗留下来的历史故事。可能会有人像赫罗德斯·阿提库斯一样成为希腊生活中举足轻重的人物，或者像狄奥·赫里索斯托姆一样找到机会，用雄辩的言辞安抚集会者的情绪，调和邻近城市的矛盾。对希望在自己家乡成为显贵的富人来说，没有什么牺牲是不值得的。为了担任一两年公职，富人会出资建造图书馆、水渠、浴场、学校或神殿，甚至有时为了显示自己慷慨大方而不惜花费巨资。他们会为各种事务争论不休，如罗马执政官或市政官的职位、各种荣誉投票、参加剧院活动优先选座的权利、暂时换上他人头像的雕像，甚至是已经通过审批刻在城市建筑上阿谀奉承的铭文。

然而，透过表象看本质，听听诸如普鲁塔克等伦理学家的观点，我们可以更好地了解行省生活的真实情况。我们有理由相信，行省官员的公共服务意识日益薄弱，保障自由和自治的措施也越来越少。正如普鲁塔克所说，地方自由缺乏永久性保障。这主要是因为以下几点：

第一，市政当局寻求干预。罗马一如既往的是所有雄心勃勃、心怀希望之人向往的中心。地方政要职务是通往罗马元老院或御前会议的天然垫脚石。而在一些不重要的岗位任职，会处于晋升阶梯的最底端。除非能在罗马声名鹊起，否则没有人能爬上顶端。一些名门子弟放弃了祖先的头衔，用拉丁语重新起名，给人以他们是某位皇帝后代的错觉。市政官员怀着阿谀奉承的想法，亲手剥夺了自己以往拥有的自由，撕毁了古老的传统宪章，处处唯行省总督马首是瞻，卑躬屈膝地拜倒在其脚下。

谈到这些不明真相、头脑不清的市政官员时，普鲁塔克的语气十分强硬。他提醒读者，谨遵医嘱不洗澡和不吃饭的病人，很快就失去了健康的体魄；想在公共生活的每个细节上都向皇帝及其臣属求助的人，会发现自己付出的代价是失去当家做主的权利。上述市政官员贬低罗马元老院、地方法官、法院和民众的作用，使自己管辖的地区陷入势单力薄和遭受奴役的状态。

普鲁塔克告诉市政官员，不要抱有任何幻想，不要摆出一副独立的样子，因为他们已经失去了真正的权力。摇尾乞怜或放弃现有自由都是没有必要的愚蠢行为。市政官员只能勉强维持现有地位，无法得到永久性保障，因为以前各城市之间的团结关系已不存在。此时，除了对皇帝的忠诚，各城市之间已经没有任何相互联系的纽带。作为自由个体，市政官员通过地方会议的形式联系在一起。他们可能已经有效地表达了民众的意愿，并且自愿建立了反抗压迫的组织。然而，这种组织很难维持下去，除非以零散的形式分布在不同地方。与此同时，帝国政府会对这些孤立无援的组织直接施加压力。

第二，行省总督开始插手更多事务。皇帝任命的行省总督或将领对市政自治或地方自由失去了耐心。他们不满足于维持和平秩序与维护国家利益，而是开始干涉民众生活的所有细节。一场街头骚乱，一次财政危机，或者一位建筑师在公共工程中的失误，都足以成为行省总督取代下级权力、改变整个地方吏制的借口。有时，行省总督还会废除豁免权，任性地抛弃以前的惯例。他们贪婪地扩张权力，毫不顾忌下属和民众的怨声载道，也不顾忌曾经建立的情谊。有时，像小普林尼这样有责任心的人，会为了国家局势和秩序而介入民众生活，或者希望通过执行皇帝的计划来证明自己的忠诚与热忱，而不考虑旧时的特权或惯例。这些人并无任何邪恶用心或自私目的。

第三，皇帝越来越受民众爱戴。帝国制度是一种个人统治形式，在位的皇帝越强大、越独立自主，就越想让政府的每个部门都感受到他的权力。2世纪的罗马是一个拥有精明强悍、孜孜不倦的皇帝的时代。这些皇帝的活动范围遍及罗马帝国广阔领土的每个角落。一遇到问题，熟知皇帝性情的官员就会向皇帝求助。大道上的皇家驿站一直在运转，在各行省和罗马之间来回运送文书。小普林尼关于浴场、消防员行业联盟、勘测员的选择或一个应征入伍的逃亡奴隶的身份等问题从遥远的比提尼亚传来；图拉真认为有必要专门写封信禁止几名士兵的岗位调动，或者批准运走一名死者的骨灰。在皇家驿站运送的文书中，此类内容很常见。

在像安敦尼·庇护这种谨慎的皇帝的统治下，专制主义的影响一度被掩盖。然而，随着帝国权力越来越集中，1世纪管理不善的弊端已广为人知。民众并没有被普鲁塔克蒙蔽。与其他社会形式相比，普鲁塔克更喜欢皇帝专制，视皇帝为天堂派往人间的代表。不过，他坚持认为，如果皇帝不能学会自我控制，世界将面临严峻的危险。普鲁塔克说："皇帝应该像太阳一样，到达最高点时，移动最缓慢。"

我们如果了解罗马帝国君主制后期的一些实际弊端，就可以更好地理解当时实行的社会制度的高风险性。

第一，税收的压力。与广袤的领土范围及许多属地的财富相比，进入国库的资金似乎不多。政府的大部分开支都用在开发地方资源上了。城镇有自己的领地，还会征收特别税款。其余开支可以分为三类：一是军团士兵的报酬和养老金；二是粮食或金钱馈赠；三是皇帝私人开销，包括皇室开支及宫廷内侍的俸禄。前两类开支数额变化不大。除了在达契亚战争或马科曼尼战争等危难时刻，军费开支或士兵报酬几乎没有变化。在罗马，需要分发粮食的人数也几乎没有变化。当然，如果忽视对大城镇民众的慷慨馈赠，是很危险的。第三类开支是一个分水岭，可以把勤俭节约的皇帝与挥霍无度、可能会因铺张浪费而耗尽国库的皇帝区分开来。这是一个关于个人节俭或自我放纵的问题。因为宫廷内侍人数不多，所以他们的薪酬在预算中所占比例不大。正是因为傲慢任性和恣意妄为，所以像卡利古拉或尼禄这样的暴君耗尽了国库，最后不得不通过烧杀抢掠来填补国库的空虚。然而，暴君搜刮富人、放过普通大众后，留给无私的统治者韦斯巴芗的难题便是加重税赋，从而引起广大民众的强烈不满与抗议。

总体来说，至少在赋税方面，安敦尼王朝对整个罗马帝国的民众实施了恩惠政策，用明确的税赋管理制度取代了行省总督的苛捐杂税和对农民征收的土地税。意大利半岛以外的各个地区实行什一税，由中间商统一负责，分配代理人征收。这些中间商和代理人往往会肆无忌惮地从中谋利。对国家资源来说，这种征税方法纯属浪费；对臣民来说，这种征税方法是压迫，充斥着不平等与艰辛。对此，奥古斯都采取了两项措施。第一项措施是全面调查各地情况，作为公平分担税务的依据。第二项措施是由各行省的财政机构控制收税员许可证的发放。拥有许可证的收税员直接从皇帝那里获取佣金。

后来，政府进一步采取措施。马库斯·奥勒留统治时期，中间商制度被废除。帝国政府不再对部分地区征收什一税，取而代之的是全国统一的土地税。共和国时期，意大利半岛长期享有豁免权，靠掠夺其他地区发展。罗马帝国初期，尤利乌斯·恺撒下令向意大利半岛以外的商人征收关税[①]。奥古斯都则提出征收市场通行费。与此同时，奥古斯都不顾罗马富人的愤慨叫嚣，征收了财产继承税。这些税收及其他名目的税收是罗马帝国的主要经济来源。此外，帝

---

① 此处指港口货物税。——原注

国经济来源还包括作为国有遗产和分布在各省的皇室遗产而被纳入帝国范围的土地和矿山。

由此可见,个人挥霍无度或社会危机对税收制度没有太大的影响。然而,安敦尼王朝的皇帝们乐于过节俭生活。正如我们看到的,涅尔瓦宁愿变卖宫廷宝物也不愿给子民增加新负担。后来的皇帝们却不像涅尔瓦一样谨慎。举行盛大而隆重的凯旋仪式,建造富丽堂皇的宫殿,为持续增长的政府官员付薪,财

属于马库斯·奥勒留的凯旋仪式的雕刻

务部门贪墨成风,给蛮族首领支付养老金。诸如此类的开销及其他花费导致国库持续亏空,每年都难以为继。后来的皇帝们经常征收各种新赋税和通行费。由于手工业与商业越来越不景气,从事农业生产的负担越来越沉重。最后,很多人公开谴责税收压力给大众带来痛苦:城镇收税员蛮横无理,征收人头税时,令可怜的手艺人绝望无助,不得不卖儿鬻女;女性被迫过耻辱的生活;土地所有者逃离贫瘠的土地寻求蛮族庇护。种种迹象表明,民众纷纷破产。

第二,行政体制越来越官僚化,越来越专制。早期,国家常任文职人员人数很少。据史书记载,在罗马,公证人、财务员、警卫人员和引座员会出现在地方法官会议上。这些人似乎被允许成立行业联盟,以便捍卫自己的职业权利。同时,职务会赋予他们某些既得利益,有时甚至可以买卖这些既得利益。然而,文职人员数量有限,重要性不大。几乎没有证据表明各行省也有类似职位。行省总督的随行人员以朋友或侍从的身份到行省上任或返回罗马。毫无疑问,这些人员的职务具有时效性。

政府对文职人员的管理过于松散。中央政府的限制加强后,这种管理制度很难维持。因此,随着时间的推移,文职工作的整体性质发生了变化。随着国家事务的增多,财务员和作家的数量迅速增加。国家为文职人员的职业地位提供了保障。然而,奇怪的是,从事文职工作被称为服兵役[①]。不同从业阶段采用的许多头衔都是从军队中借用来的。政府给文职人员统一配备了制服,并且以皇帝的名义委任职务。同时,各部门的文职人员还需遵守特定的军纪。原本各官职阶层的领导享有荣誉、特权和显赫名声。然而,后来国家开始加强对这些人员的控制,要求他们长期履职,除非找到替代人选,否则不允许退休。政府还强迫文职人员的子女学习父辈的技能,并且将来接替父辈的岗位。由此,一个庞大、等级森严的官僚体系逐渐产生了。在这种官僚体系下,每届文职人员都被强加上某种社会责任,在军事化管理下任人差遣。

---

① 此处指民兵。——原注

第三，市政议员职位变成了沉重的负担。希腊或意大利半岛的市政会议制度普及到罗马帝国所有地区后，在市政会议任职成为部分罗马公民生活不可或缺的一部分。尤利乌斯·恺撒的市政法案规定了市政会议的职能。与罗马元老院一样，市政会议由前官员或其他身负盛名、家庭富有的罗马公民组成。

一个多世纪或更长时间以来，尽管各行省市政议员的工作并不顺利，市政议员却备受推崇。他们中的一些主要人物非常愿意花费时间和金钱为民众服务。随着帝国集权化日趋严重，地方特色越来越不受重视。从铭文中可以发现，像赫罗德斯·阿提库斯这样愿意慷慨解囊促进家乡发展的热心人士越来越少了。由于市政议员职位不再那么受重视，旧的社会关系就颠倒过来了。人们不得不轮流担任市政议员。由此，该职位不再是一种荣耀，而成了一种沉重的负担。

图拉真统治时期，无人愿意担任公职的现象出现了。马库斯·奥勒留统治时期，这种抵触情绪变得更加强烈。智辩家埃利乌斯·阿里斯提得斯坦率地告诉我们，他多么渴望能摆脱身上的职务。他曾哭泣，斋戒，祈祷和恳求神，直到在梦中看到一位白衣圣女来拯救自己。梦醒后，他接到了帝国的派遣令，也获得了自己期盼已久的豁免权。

尽管中央政府设立了更多荣誉职位，但人们越来越不愿意戴上象征特定职位的镀金项链，因为担任公职的责任越来越重。设立市政议员的目的，不仅是要竭尽所能满足当地需要，也是要提高帝国的税收，为军队提供物资，通过馈赠粮食和发放钱款来取悦民众。有人变卖家产，背井离乡，只求能摆脱公职。然而，政府仍然我行我素。市政议员的职位变成了拥有私有土地应付出的代价。有钱人成了无法辞职的官员。他们卖不掉土地，因为财政部门有扣押土地的权力。官员不能自由自在地去旅行，因为这会浪费公共时间。他们也不能一直不结婚，因为他们有义务养育几个孩子继承自己的职位。他们甚至没有权利选择担任祭司——只有家境贫寒的人才可以担任祭司。但"祭司必须待在祖国的怀抱里，没完没了地参加各种庄严的仪式"。

在绝望中，官员试图逃跑，但遭到了无情的追捕。他们的名字与最底层的逃犯一起被张贴在布告里。即使躲在教堂围墙内、矿山和采石场中，甚至脏乱不堪的乞丐窝里，他们也会被追踪到。

尽管政府采取了上述措施，但文职人员的数量还是不断减少。因此，政府不得不招募新人，并且赐予他们土地，使他们拥有担任相应职务的资格。尽管如此，人们还是呼吁增加人手来填补政府职位的空缺，如从各个阶层新招一批收税员，从而扩大税收队伍。无论是虚弱懒散、通过自残逃避入伍的退伍军人子弟，还是自暴自弃或自甘堕落的执事①，或者是被逐出教会、被认为灵魂邪恶、无药可救的祭司，都被认为可以胜任收税员的职位。政府没有把这些人送到医馆，而是送去了罗马元老院。

第四，工商业成了世袭的负担。中央集权制影响了原有的健康机制。沉重的负担阻碍了手工业的发展。与此同时，政府通过武力强迫人们继续从事他们回避的工作。早期的皇帝们确实支持工商业发展，尊重自由手艺人的劳动尊严，并且促进行业联盟发展，使工商业者形成了相互保护和自我尊重的意识。许多行业联盟，特别是为国家服务，为罗马市场运输货物，或为驿站、兵器库、码头提供劳工的行业联盟，都被授予了一些特权及奖励了一些财富。

由于政府没有采取措施激发劳工的积极性，劳工不愿继续努力工作。因此，政府对劳工的控制越来越严苛。政府把劳工像苦役奴隶一样拴在工作岗位上，以免社会福利受损或者令政府在关键问题上名誉扫地。政府的这种做法已扩展到许多手工业行业中。由于高额的税收或不明智的限制措施，这些手工业已经萎靡不振。人们有可能在绝望中舍弃这些手工业。在农村，政府迫使强壮的劳动者留在田间地头，以免城镇居民因农民渎职而忍饥挨饿。在隶农制和农奴制下，农民不得随意闲逛，不得从事其他工作，而是被紧紧地捆绑在他们耕作的土地上。为了确保安全，政府规定：军队不能完全由应召入伍的志愿

---

① 执事，又称助祭，是基督教的一种神职，辅助高级神职人员处理教会事务。——译者注

兵构成，土地所有者必须按照配额提供人员入伍，退伍军人必须留在营地将孩子抚养到入伍方可返乡，驻扎在边境的殖民军需终身服役。

因此，无论社会地位高低，每个阶层的人都感受到了专制政府的暴政。政府榨干了每个社会有机体赖以生存的血液，深深打击了民众服务社会、忠君报国的热情，导致政府失去民心。于是，为了巩固统治，政府将人们束缚在工作岗位上，导致政府机关所有部门的职位成为世袭阶层中的一种苦役。

不幸的是，奴隶的辛勤劳作只能代替自由人的部分劳动。由于自由受到限制，罗马帝国越来越贫穷，自我保护能力也越来越弱。蛮族猛烈地敲击罗马帝国的大门时，政府缺乏把成千上万自由民团结起来的强大凝聚力，只剩下孤立无援的城镇和村庄。政府官员环顾四周寻找防御工事时，却发现一切都是徒劳。此时，中央政府失灵。罗马帝国这个庞然大物似乎已经缩小为一个缺乏组织结构的松散零件。

译名对照表

Achilles	阿喀琉斯
Acts of the Council of Chalcedon	《卡尔西登会议法案》
Adonis	阿多尼斯
Aedile	市政官
Aegean Sea	爱琴海
Aelia Capitolina	爱利亚加比多连
Aelius Aristides	埃利乌斯·阿里斯提得斯
Agamemnon	阿伽门农
Ajax the Great	大埃阿斯
Akiva	阿基瓦
Alcántara Bridge	阿尔坎塔拉桥
Alexander of Cotiaeum	科蒂艾乌的亚历山大
Alexander the Great	亚历山大大帝
Alexandria	亚历山大港
Alps	阿尔卑斯山脉
Altinum	阿提努姆
Amu Darya	阿姆河
Anatolia	安纳托利亚
Aniene	阿涅内河
Antimachus	安提马科斯
Antinous	安提诺乌斯
Antioch	安条克
Antoninus Pius	安敦尼·庇护

Apamea	阿帕梅亚
Apis	阿匹斯
Apollodorus of Damascus	大马士革的阿波罗多罗斯
Apollonius Dyscolus	阿波罗尼奥斯·狄斯克鲁斯
Appian Way	亚壁古道
Apuleius	阿普列尤斯
Aqua Marcia	玛西亚水道
Aquileia	阿奎莱亚
Arbela	阿比拉
Aristocles of Messene	麦西尼的亚里士多德斯
Arrian of Nicomedia	尼科美底亚的阿利安
Arsacid Dynasty	阿尔萨息王朝
Artaxata	阿塔克萨塔
Asclepius	阿斯克勒庇俄斯
Assyria	亚述
Attica	阿提卡
Attis	阿提斯
Augustus	奥古斯都
Aulus Gellius	奥鲁斯·格利乌斯
Aulus Plautius	奥鲁斯·普劳提乌斯
Austrian Banat	奥地利巴纳特
Babylon	巴比伦
Bacchanalia	酒神节
Baden-Baden	巴登－巴登
Baetica	贝提卡
Baiae	巴亚
Bar Kokhba Revolt	巴尔·科赫巴起义
Belgrade	贝尔格莱德
Beneventum	贝内文托
Bether	比特山
Blandina	布兰迪娜
Brigantes	布里甘特人

Britain	不列颠
Bructeri	布鲁克特里
Caesar	恺撒
Caledonia	喀里多尼亚
Caledonians	喀里多尼亚人
Caligula	卡利古拉
Calpurnius Agricola	卡尔普尔尼乌斯·阿格里科拉
Campagna	坎帕尼亚
Campus Martius	战神广场
Canopus	克诺珀斯
Capitoline Hill	卡比托奈山
Cappadocia	卡帕多恰
Carlisle	卡莱尔
Carpathian Mountains	喀尔巴阡山脉
Carrhae	卡莱
Cassius Dio	卡西乌斯·狄奥
Cassius Maximus Tyrius	卡西乌斯·马克西姆斯·提利乌斯
Castel Sant'Angelo	圣天使堡
Cato the Elder	老加图
Ceionia Fabia	凯奥尼亚·法比娅
Celsus	塞尔索
Centumcellae	森图姆塞利
Centurion	百夫长
Cephalonia	凯法利尼亚岛
Chaeronea	喀罗尼亚
Chaldea	迦勒底
Chrestus	克瑞斯图斯
Chryses	克律塞斯
Chrysostom	赫里索斯托姆
Cicero	西塞罗
Cilicia	西里西亚
Cirta	锡尔塔

City of Cecrops	凯克洛普斯之城
City of Zeus	宙斯之城
Civitavecchia	奇维塔韦基亚
Claudius	克劳狄乌斯
Claudius Diognetus	克劳狄乌斯·狄奥涅图斯
Clyde	克莱德
Colchis	科尔基斯
Colonia Ulpia Traiana	克罗尼亚乌尔比亚特莱亚纳
Commodus	康茂德
Constantine the Great	君士坦丁大帝
Constantius I	君士坦提乌斯一世
Corybas	科律巴斯
Crichton	克莱顿
Ctesiphon	泰西封
Cupid	丘比特
Cybele	赛比利
Cyprus	塞浦路斯
Cyrenaica	昔兰尼加
Dacians	达契亚人
Dacius	达西乌斯
Dante Alighieri	但丁·阿利吉耶里
Danube	多瑙河
Daphne	达夫尼
Decebalus	戴凯巴路斯
Demosthenes	狄摩西尼
Devil's Wall	魔鬼墙
Dio	狄奥
Diocletian	戴克里先
Dionysius Longinus	狄奥尼修斯·朗吉努斯
Dniester	德涅斯特河
Domitia Calvilla	多米提娅·卡维拉
Domitian	图密善

Draco	德拉古
Eleusinian	厄琉息斯
Ephesus	以弗所
Epictetus	爱比克泰德
Etruria	伊特鲁里亚
Euboea	厄维亚岛
Euphrates	幼发拉底河
Euxine	尤克森
Faustina the Elder	大福斯蒂娜
Faustina the Younger	小福斯蒂娜
Favorinus	法沃里努斯
Firth of Forth	福斯湾
Flavia Domitilla	弗拉维娅·多弥蒂拉
Flavian Dynasty	弗拉维王朝
Franks	法兰克人
Gaius Julius Polybius	盖乌斯·尤利乌斯·波里比阿
Gaius Julius Tigranes	盖乌斯·尤利乌斯·提格兰
Gaius Minicius Fundanus	盖乌斯·米尼西乌斯·丰达努斯
Galen	盖伦
Gaul	高卢
Germania	《日耳曼尼亚志》
Germanic peoples	日耳曼人
Getae	盖塔人
Giovanni Pico Della Mirandola	乔瓦尼·皮科·德拉·米兰多拉
Gladiator	角斗士
Gordian II	戈尔迪安二世
Goths	哥特人
Great Broadway of Epiphanes	伊皮芬尼大道
Great Museum of the Ptolemies	托勒密大博物馆
Greekling	小希腊人
Hadria	哈德里亚
Hadrian	哈德良

Hadrian's Wall	哈德良长城
Hatszeger Thal	哈茨泽格尔塔
Hauran	豪兰
Hector	赫克托耳
Helvidius Priscus	赫尔维乌斯·普里斯库斯
Hermannstadt	赫曼施塔特
Herodes Atticus	赫罗德斯·阿提库斯
Hill of Ares	战神山
Homer	荷马
Hormisdas	何尔米斯达
Huns	匈人
Hydaspes	希达斯皮斯
Idumaean	以土买
Illyria	伊利里亚
Irenaeus	伊勒讷乌斯
Iron Gate	铁门
Isaeus	伊塞乌斯
Isthmus of Corinth	科林斯地峡
Isthmus of Suez	苏伊士地峡
Italica	意大利卡
Jerome	哲罗姆
John Xiphilinus	约翰·希菲利努斯
Julian	尤里安
Julius Caesar	尤利乌斯·恺撒
Jupiter	朱庇特
Justin	查士丁
Lambaesis	拉百瑟斯
Lares	拉尔
Latium	拉丁姆
Little Troy	小特洛伊
Lorium	洛里姆
Lucian	卢奇安

Lucilla	露西拉
Lucius Aelius	卢修斯·埃利乌斯
Lucius Annaeus Florus	卢修斯·安内乌斯·弗洛鲁斯
Lucius Flavius Arrianus	卢修斯·弗拉维乌斯·阿里安努斯
Lucius Flavius Philostratus	卢修斯·弗拉维乌斯·斐洛斯特拉托斯
Lucius Julius Ursus Servianus	卢修斯·尤利乌斯·尤苏斯·塞维亚努斯
Lucius Licinius Sura	卢修斯·李锡尼·苏拉
Lucius Verginius Rufus	卢修斯·维吉尼乌斯·鲁弗斯
Lucius Verus	卢修斯·韦鲁斯
Lupercalia	牧神节
Lusius Quietus	卢西乌斯·奎耶塔斯
Macedonian phalanx	马其顿方阵
Mainz	美因茨
Mammon	玛门
Manius Curius Dentatus	马尼乌斯·库里乌斯·登塔图斯
Marcomanni	马科曼尼人
Marcomannic Wars	马科曼尼战争
Marcus Annius Verus	马库斯·安尼乌斯·韦鲁斯
Marcus Annius Verus Caesar	马库斯·安尼乌斯·韦鲁斯·恺撒
Marcus Cornelius Fronto	马库斯·科尔内留斯·弗龙托
Marcus Junius Brutus	马库斯·尤尼乌斯·布鲁图斯
Marcus Licinius Crassus	马库斯·李锡尼·克拉苏
Marcus Startius Priscus	马库斯·斯塔提乌斯·普里斯库斯
Marcus Antony	马库斯·安东尼
Mars	马尔斯
Melitene	梅利泰内
Mercury	墨丘利
Messiah	弥赛亚
Michael	米迦勒
Miletus	米利都
Mithras	密特拉
Moesia	莫西亚

Momus	摩摩斯
Moors	摩尔人
Nero	尼禄
Nerva	涅尔瓦
Newcastle	纽卡斯尔
Nicaea	尼西亚
Nicomedia	尼科美底亚
Nineveh	尼尼微
Numa Pompilius	努马·彭庇里乌
Numidia	努米底亚
Odyssey	《奥德赛》
Ogradina	奥格拉迪纳
Olympia	奥林匹亚
Origen	奥利金
Orontes River	奥龙特斯河
Orsova	奥尔绍瓦
Osroes I	奥斯罗埃斯一世
Ostia	奥斯蒂亚
Ouadi	夸迪
Panathenaic Festival	泛雅典娜节
Pannonia	潘诺尼亚
Pantheon	万神殿
Parthamasiris	帕塔马西里斯
Parthamaspates	帕尔塔马斯帕提斯
Parthian Empire	帕提亚帝国
Parthians	帕提亚人
Paul the Apostle	使徒保罗
Peregrinus Proteus	佩雷格里努斯·普洛透斯
Pergamon	帕加马
Pericles	伯里克利
Persia	波斯
Petra	佩特拉

Phidias	菲迪亚斯
Philager	菲拉吉尔
Piacenza	皮亚琴察
Picts	皮克特人
Pius	庇护
Plato	柏拉图
Pliny the Younger	小普林尼
Plutarch	普鲁塔克
Polemon of Laodicea	老底嘉的帕雷蒙
Polycarp	波利卡普
Polycletus	波吕克勒托斯
Pompeia Plotina	庞培娅·普洛蒂娜
Pomponia Graecina	庞波妮亚·葛莱西娜
Ponticus	庞迪可斯
Pontine Marshes	蓬蒂内沼泽
Pope Alexander VII	教皇亚历山大七世
Pope Gregory I	教皇格列高利一世
Pope Sixtus V	教皇西克斯图斯五世
Poppaea Sabina	波培娅·萨比娜
Pothinus	波提纽斯
Proteus	普洛透斯
Prusa	普鲁萨
Psyche	普绪喀
Ptolemy	托勒密
Puellae Faustinianae	福斯蒂娜的姑娘们
Pythagorean School	毕达哥拉斯学派
Quintilian	昆提良
Quintus Ennius	昆图斯·恩纽斯
Quintus Junius Rusticus	尤尼乌斯·鲁斯提库斯
Quirinal Hill	奎里纳莱山
Ravenna	拉韦纳
Red Tower	红塔

Remus	雷穆斯
Rhea Silvia	瑞亚·西尔维亚
Rhine	莱茵河
Rimini	里米尼
Roman Consul	罗马执政官
Roman Legion	罗马军团
Roman Senate	罗马元老院
Roman triumph	凯旋仪式
Romulus	罗慕路斯
Sabazius	萨巴兹俄斯
Sabine	萨宾
Salii	萨利
Salvius Julianus	萨维乌斯·朱利亚努斯
Samaria	撒马利亚
Samosata	萨莫萨塔
Sardinia	撒丁岛
Sargetia	萨尔盖提亚河
Sarmatian	萨尔马提亚
Sarmatians	萨尔马提亚人
Sarmizegethusa	萨米塞格图萨
Save	萨沃河
Scipio Africanus	大西庇阿
Scythia	斯基提亚
Segestica	塞格斯提卡
Seleucia	塞琉西亚
Selinus	塞利努斯
Seneca the Younger	小塞内加
Serapis	塞拉皮斯
Servian Cladova	塞尔维扬克拉多瓦
Sestertius	塞斯特斯
Sextus Julius Severus	塞克斯特斯·尤利乌斯·塞维鲁
Shrine of Isis	伊西斯神龛

Sibylline Books	《西卜林书》
Simon bar Kokhba	西蒙·巴尔·科赫巴
Sirmium	塞尔曼
Slavs	斯拉夫人
Smyrna	士麦那
Socrates	苏格拉底
Solon	梭伦
Statius	斯塔提乌斯
Strabo	斯特拉博
Suetonius	苏埃托尼乌斯
Tacitus	塔西佗
Tapae	塔帕伊
Tarentum	塔林敦
Taurus Mountains	托罗斯山脉
Tempe	坦佩
Temple of Aphrodite	阿佛洛狄忒神殿
Tertullian	德尔图良
The Golden Ass	《金驴记》
Theban Legion	底比斯军团
Thersites	忒耳西忒斯
Thracians	色雷斯人
Thule	图勒
Tiber	台伯河
Tiberius	提比略
Tiberius Claudius Atticus Herodes	提比略·克劳狄乌斯·阿提库斯·赫罗德斯
Tiberius Claudius Pompeianus	提比略·克劳狄乌斯·庞培亚努斯
Tierna	蒂尔纳
Tigris	底格里斯河
Tiridates I	提里达斯一世
Titus	提图斯
Titus Flavius Clemens	提图斯·弗拉维乌斯·克莱门斯
Tivoli	蒂沃利

Town of Czernetz	切尔内斯镇
Trajan	图拉真
Trajan's Forum	图拉真广场
Transylvania	特兰西瓦尼亚
Trapezus	特拉佩祖斯
Tribune	护民官
Valeria Messalina	瓦莱里娅·梅萨利娜
Verissimus	韦利西姆斯
Vespasian	韦斯巴芗
Vibia Sabina	维比娅·萨比娜
Vienna	维也纳
Viktor of Xanten	克桑滕的维克多
Viminacium	费米拉孔
Virgil	维吉尔
Volcan	伏尔坎
Wallachian Turn-Severin	瓦拉几亚图尔努－塞维林
Wallachians	瓦拉几亚人
Xanten	克桑滕